SERMÕES SOBRE SANTOS, JEJUNS E ORDENAÇÃO EPISCOPAL

Dados Internacionais de Catalogação na Publicação (CIP)
(Câmara Brasileira do Livro, SP, Brasil

Leão Magno, São 440-461
 Sermões sobre santos, jejuns e ordenação episcopal /
São Leão Magno ; tradução das Monjas Beneditinas
de Santa Maria. – Petrópolis, RJ : Vozes, 2024. –
(Coleção Clássicos da Iniciação Cristã)

 Título original: Sermones S. Leonis Magni
 ISBN 978-85-326-6522-5

 1. Cristianismo – História 2. Santos católicos
3. Sermões I. Título. II. Série.

23-166892   CDD-252

Índices para catálogo sistemático:
1. Sermões : Textos : Cristianismo   252

Eliane de Freitas Leite – Bibliotecária – CRB-8/8415

São Leão Magno

SERMÕES SOBRE SANTOS, JEJUNS E ORDENAÇÃO EPISCOPAL

Tradução das
MONJAS BENEDITINAS DE SANTA MARIA

Petrópolis

Tradução do original em latim intitulado
Sermones S. Leonis Magni
O conteúdo desta obra foi extraído da
Patrologia Latina volume 54

© desta tradução:
1978, 2024, Editora Vozes Ltda.
Rua Frei Luís, 100
25689-900 Petrópolis, RJ
www.vozes.com.br
Brasil

Todos os direitos reservados. Nenhuma parte desta obra
poderá ser reproduzida ou transmitida por qualquer forma e/ou
quaisquer meios (eletrônico ou mecânico, incluindo fotocópia e
gravação) ou arquivada em qualquer sistema ou banco de dados
sem permissão escrita da editora.

CONSELHO EDITORIAL

Diretor	**Conselheiros**
Volney J. Berkenbrock	Elói Dionísio Piva
	Francisco Morás
Editores	Gilberto Gonçalves Garcia
Aline dos Santos Carneiro	Ludovico Garmus
Edrian Josué Pasini	Teobaldo Heidemann
Marilac Loraine Oleniki	
Welder Lancieri Marchini	**Secretário executivo**
	Leonardo A.R.T. dos Santos

Editoração: Maria da Conceição B. de Souza
Diagramação: Monique Rodrigues
Revisão gráfica: Nilton Braz da Rocha
Capa: WM Design

ISBN 978-85-326-6522-5

Este livro foi composto e impresso pela Editora Vozes Ltda.

Sumário

Introdução, 9

Texto

69 (LXXXII)* – Sermão no natalício dos apóstolos Pedro e Paulo, 39

70 (LXXXIII) – No natalício de São Pedro Apóstolo, 47

71 (LXXXIV) – Sermão na oitava dos apóstolos Pedro e Paulo, a propósito da solenidade pouco frequentada, 53

---

* Os algarismos arábicos correspondem à *Sources Chrétiennes*, n. 200, e os romanos à *Patrologia Latina*, n. 54.

72 (LXXXV) – No natalício do mártir São Lourenço, 55

73 (LXXXVI) – Primeiro sermão sobre o jejum do sétimo mês, 61

74 (LXXXVII) – Segundo sermão sobre o jejum do sétimo mês, 64

75 (LXXXVIII) – Terceiro sermão sobre o jejum do sétimo mês, 69

76 (LXXXIX) – Quarto sermão sobre o jejum do sétimo mês, 76

77 (XC) – Quinto sermão sobre o jejum do sétimo mês, 84

78 (XCI) – Sexto sermão sobre o jejum do sétimo mês, 91

79 (XCII) – Sétimo sermão sobre o jejum do sétimo mês, 96

80 (XCIII) – Oitavo sermão sobre o jejum do sétimo mês, 102

81 (XCIV) – Nono sermão sobre o jejum do sétimo mês, 107

82 (XII) – Primeiro sermão sobre o jejum do décimo mês, 112

83 (XIII) – Segundo sermão sobre o jejum do décimo mês, 121

84 (XIV) – Terceiro sermão sobre o jejum do décimo mês, 122

85 (XV) – Quarto sermão sobre o jejum do décimo mês, 125

86 (XVI) – Quinto sermão sobre o jejum do décimo mês, 130

87 (XVII) – Sexto sermão sobre o jejum do décimo mês, 140

88 (XVIII) – Sétimo sermão sobre o jejum do décimo mês, 146

89 (XIX) – Oitavo sermão sobre o jejum do décimo mês, 152

90 (XX) – Nono sermão sobre o jejum do décimo mês, 159

91 (XCV) – Homilia sobre os graus das bem-aventuranças, 165

92 (I) – Primeiro sermão sobre a ordenação episcopal de São Leão, proferido no dia de sua ordenação, 178

93 (II) – Segundo sermão sobre a sua ordenação, proferido no aniversário dela, 181

94 (III) – Terceiro sermão sobre a sua ordenação, proferido no aniversário de sua elevação ao múnus do supremo pontificado, 184

95 (IV) – Quarto sermão sobre a sua ordenação, proferido no aniversário de sua elevação, 192

96 (V) – Quinto sermão sobre a sua ordenação, proferido no aniversário de sua elevação ao pontificado, 201

97 (VI) – No aniversário dos sete irmãos macabeus, mártires, 209

Índice escriturístico, 215

Índice analítico, 225

Introdução

Este tomo apresenta os seguintes sermões: Sermão sobre o natalício dos apóstolos Pedro e Paulo; No natalício de São Pedro Apóstolo; Sermão na oitava dos apóstolos Pedro e Paulo, a propósito da solenidade pouco frequentada; No natalício do mártir São Lourenço; Nove sermões sobre o jejum do sétimo mês; Nove sermões sobre o jejum do décimo mês; Homilia sobre os graus da bem-aventurança; Cinco sermões sobre sua ordenação episcopal; No aniversário dos sete irmãos macabeus, mártires.

Na tentativa de abranger todos os assuntos tratados, demos ao presente tomo o título: *Sermões sobre santos, jejuns e ordenação episcopal.*

Considerando o conteúdo destes sermões, muito atuais sob vários aspectos, desejamos, nesta breve introdução, tecer algumas considerações em torno do culto dos santos, dos jejuns, sobretudo das quatro têmporas, e dos sermões sobre a ordenação episcopal. Cremos ser legítimo abordar temas atuais à luz do passado, procurando projetar luz sobre eles.

O culto dos santos

Em muitas festas de santos as nossas igrejas estão repletas de devotos. Qual a mensagem que lhes transmitimos em nossa pregação? Leão Magno nos poderá fornecer pistas valiosas a esse respeito.

No Sermão 69 ele traça um paralelo entre Rômulo e Remo, fundadores da cidade de Roma, e São Pedro e São Paulo, os novos pais da Roma cristã, escolhida pela Providência para levar a fé até os confins do mundo. Em outro sermão Pedro é apresentado como exemplo e glória dos cristãos e dá graças "ao Pai sempiterno e nosso Redentor, o Senhor Jesus Cristo, que lhe conferiu tanto poder" (Sermão 70,1.3).

Um sermão muito rico para ilustrar o sentido do culto dos santos, sobretudo mártires, é o Sermão no natalício de São Lourenço. Os mártires, diz Leão Magno, são próximos de Nosso Senhor Jesus Cristo pela imitação da caridade e semelhança da paixão (cf. Sermão 72,1). Os seus exemplos valem mais do que as palavras. É melhor ensinar por obras do que por meio da voz (cf. Sermão 72,3).

Nesta aproximação a Cristo tanto maior é a glória quanto mais intensos foram os sofrimentos[1]. Numa frase Leão Magno parece resumir

---

1. "Aumentaste a palma ao acumulares as penas" (Sermão 72,4). "Os instrumentos do suplício converteram-se em honra de seu triunfo" (Sermão 72,4).

os três principais aspectos do culto dos santos, quando diz: "Pela felicíssima morte deste ínclito varão, gloriemo-nos no Senhor, que é admirável nos seus santos e neles ofereceu-nos simultaneamente auxílio e exemplo" (Sermão 72,4). Temos a glorificação de Deus admirável nos seus santos, a intercessão e o exemplo.

Estes três aspectos encontramo-los nos antigos *Sacramentários*, no *Missal* de Pio V, bem como nas Missas dos santos do *Missal romano*. Como o culto dos santos constitui um elemento muito presente sobretudo na religiosidade popular brasileira, parece importante possuirmos uma visão clara sobre o seu sentido tantas vezes contestado.

Talvez o que haja de mais fundamental em toda a questão do culto dos santos é a afirmação: Deus é admirável nos seus santos. Transparece claro dos formulários das missas dos santos que a liturgia, comemorando os santos, proclama as maravilhas da graça de Deus, vitoriosa não só em Cristo, a Cabeça, mas também nos santos, os seus membros. Portanto, a comemoração dos santos é celebração do próprio mistério de Cristo.

Até hoje continua a travar-se a grande batalha entre Deus e o inimigo do homem, o demônio, entre o bem e o mal. E Deus, como em Cristo, continua a vencer a luta nos seus santos. Inicialmente os inimigos de Deus se encarnavam nos perseguidores e torturadores. Depois, na falta dos inimigos visíveis, os eremitas e Padres do Deserto foram à procura do inimigo, onde julgavam encontrá-lo; isto é, no deserto. Aos poucos, porém, foram descobrindo que os piores inimigos não eram os perseguidores, nem o demônio do deserto, mas o inimigo oculto dentro de cada um. Eis, então, as comunidades, os cenobitas, os monges a se organizarem para em comum enfrentarem este novo inimigo pela oração, e o jejum, pois certos inimigos não podem ser expulsos a não ser pelo jejum e a oração (cf. Mt 17,20). Leão Magno convida seus fiéis a enfrentarem e vencerem este inimigo:

Se, porém, deixaram de agir o perseguidor e o carrasco, porque os poderes públicos já militam a serviço de Deus, não faltam aos cristãos sofrimentos a superar. Foi dito: "Meu filho, se entrares para o serviço de Deus, permanece firme na justiça e no temor, e prepara a tua alma para a provação" (Eclo 2,1) e o Apóstolo afirma: "Assim também, todos aqueles que quiserem viver piedosamente em Jesus Cristo serão perseguidos" (2Tm 2,12) por causa da justiça. Tu, pois, que pensas ter terminado a perseguição, e não haver mais conflito entre ti e os inimigos, perscruta o íntimo segredo de teu coração e entra para explorar diligentemente todos os recantos de tua alma. Verifica se não há ataque adverso, se não existe algum tirano que queira se apossar da cidadela de tua alma. Não deves firmar paz com a avareza. Despreza os lucros de ganhos iníquos. Recusa concórdia com a soberba, e receia mais ser recebido com glória do que pisado por alguma humilhação. Dissocia-te da ira; a ambição de vingança não inflame em ti a dor da inveja. Renuncia ao prazer, afasta-te da imundície, repele a luxúria, foge da iniquidade, resiste à falsidade; e se te vires envolvido em múltiplas lutas, imita os mártires e procura alcançar muitas vitórias (Sermão 97,2).

Assim entramos no segundo aspecto do culto dos santos. Eles constituem exemplos para serem imitados. O Missal captou muito bem esta faceta, desdobrando-a através do Ano Litúrgico, sobretudo nas orações coletas das festas dos santos. Estes, nas suas diversas categorias, constituem como que todo o evangelho vivido. Maria ocupa, sem dúvida, um lugar especial na economia da salvação. Se considerarmos os santos em geral, João Batista prepara os caminhos do Senhor através da convocação à penitência; José acolhe as primícias da Igreja, constituindo-se patrono da Igreja universal; os apóstolos levam ao mundo a mensagem de Cristo, os mártires dão testemunho do Senhor por sua vida, as virgens consagram a Deus todo o seu amor, os santos confessam o Cristo pela pregação, pelas obras de misericórdia, pelo acolhimento aos jovens, sendo missionários, defensores da fé, buscando viver o evangelho pura e simplesmente, ou ainda dedicando-se totalmente ao serviço do Senhor na contemplação. Recolhendo essas facetas e outras mais, eis o evangelho a que toda a Igreja é chamada a responder. E cada cristão é chamado de alguma maneira a desenvolver dentro de si mesmo as várias facetas contempladas nos santos.

O aspecto, talvez o mais difícil, mas possivelmente o mais procurado na devoção popular, é a intercessão dos santos. Este problema será resolvido se voltarmos sempre ao fundamento: Deus é admirável nos seus santos.

É próprio do homem buscar intercessores, mediadores. No culto dos santos o problema aparece quando acabamos substituindo Jesus Cristo e Deus pelos santos. Por isso, uma coisa é a maneira antropomorfa de falar. Outra coisa, a realidade mistérica ou sacramental vivenciada. Jesus Cristo realizou uma vez por todas a redenção (Hb 9,12); imolado, já não morre e, morto, vive eternamente[2]. Contudo, continua agindo no mistério do culto em cada ação ritual colocada pela Igreja na evocação do mistério de Cristo. Algo de semelhante acontece na memória dos santos. Quando a Igreja evoca as maravilhas operadas por Deus nos seus santos através de Jesus Cristo, esta ação de Deus torna-se novamente presente. Na Liturgia todas as orações dos santos dirigem-se a Deus, falando das obras dos santos. E a Igreja pede: "Ó Deus, que realizastes vossas maravilhas nos santos, olhai agora para a vossa Igreja, ainda a caminho neste mundo, necessitada do vosso auxílio. Como vossa graça foi vitoriosa nos vossos santos, tornai-a vitoriosa também nos vossos fiéis".

Portanto, o movimento na celebração do mistério de Cristo nos santos é: Igreja-Deus-santos-Igreja. A linguagem antropomorfa da devoção particular é: eu-santo-Deus-santo-eu. No fundo, bem entendido, dá no mesmo, pois enquanto

---

2. Prefácio da Páscoa III.

o homem fala com o santo, Deus realmente está ouvindo.

Por isso, parece-nos que não adianta destruir a devoção popular aos santos. Importa, antes, orientá-la de modo que conduza sempre mais a Cristo e por Ele a Deus, admirável nos seus santos.

Os sermões sobre os jejuns

Leão Magno apresenta quatro grupos de sermões sobre o jejum, conforme os tempos do Ano Litúrgico. Temos os sermões da Quaresma, de Pentecostes, do sétimo mês e do décimo mês.

Sobre a observância quaresmal da oração, do jejum e da esmola já nos detivemos na introdução ao volume dos sermões sobre as coletas, a Quaresma e o jejum de Pentecostes[3]. Aqui que-

---

3. Cf. *Sermões sobre as coletas, a Quaresma e o jejum de Pentecostes*. Petrópolis: Vozes, 1977, p. 8-12.

remos voltar sobre os jejuns ligados às estações do ano, ou às quatro têmporas.

a) Origem e evolução das quatro têmporas

As quatro têmporas, de origem romana, pelo que tudo indica, espalharam-se com a difusão da liturgia romana[4]. A Igreja romana observou primeiramente os jejuns do sétimo mês (setembro) e do décimo mês (dezembro). Além disso, o jejum de Pentecostes (quarto mês). Por outro lado, a Quaresma inteira era considerada a quarta têmpora. Aos poucos destacou-se a primeira semana da Quaresma, constituindo o jejum do primeiro mês.

Com o tempo três jejuns foram absorvidos pelos tempos litúrgicos da Quaresma, de Pentecostes e do Advento respectivamente, adquirindo sua imagem própria. Só o de setembro

---

4. Cf. CHAVASSE, A. As quatro têmporas. *In*: MARTIMORT, A.G. *A Igreja em oração – Introdução à liturgia*. Ed. Ora et Labora/Singeverga, 1965, p. 849.

manteve seu conteúdo original mais ligado ao tema da colheita dos frutos da terra[5].

Qual a origem das quatro têmporas? Hoje não se pensa mais em remontá-las aos tempos apostólicos. Elas supõem uma certa relação com a liturgia das estações, com inspiração nos jejuns do Ano Litúrgico do Antigo Testamento. Segundo J. Janini, as quatro têmporas teriam sido criadas pelo Papa Sirício (384-399) em oposição aos ataques de Joviniano contra o jejum, e também para não impor ao povo cristão o jejum contínuo dos ascetas pelo qual pleiteava São Jerônimo[6].

b) O ensinamento de Leão Magno

Leão Magno esforça-se por mostrar que os jejuns da Igreja se inspiraram nos jejuns do povo de Deus no Antigo Testamento, observância que

---

5. Cf. *ibid.*, p. 849-851.
6. Cf. *ibid.*, p. 855-856.

não foi abolida mas transmitida pelos apóstolos à Igreja (cf. Sermão 77,1; 79,1).

Leão Magno tem ensinamentos belíssimos sobre o sentido do jejum e dos demais exercícios da observância quaresmal e das têmporas do quarto, sétimo e décimo meses.

O jejum aparece sobretudo como auxílio divino contra todos os nossos inimigos (cf. Sermão 71,1; 74,1). Importa, por isso, que a comunidade se una como num exército em campanha, num testemunho de unidade (cf. Sermão 73,1; 75,4; 76,1).

Além disso, o jejum cristão não é desprezo às realidades materiais, pois é preciso "preferir o comedimento, sem condenar a criatura" (Sermão 76,1). "À medida que alguém se abstém das coisas lícitas, mais facilmente resiste às ilícitas" (Sermão 78,1).

Os dias de jejum constituem tempos fortes de cultivo da vida espiritual, pois é preciso que o tempo, percebido de modo especial pelas estações do ano, produza frutos de bens (cf. Sermão 76,4; 76,6).

Se os sermões do sétimo mês fazem alusão à colheita, os do jejum do décimo mês falam de modo explícito da agricultura espiritual (cf. Sermão 84,1). É o jejum pelo término da colheita de todos os frutos (cf. Sermão 83,1). "No campo do coração germine o que a terra não produziu" (Sermão 82,3). No jejum do décimo mês, no tempo do inverno, quando todos os frutos estão recolhidos, o homem é convidado à "agricultura mística" (cf. Sermão 88,3), pois também nós "recebemos através dos próprios elementos do mundo, livros abertos para todos, os sinais da vontade divina; a instrução superna jamais cessa, uma vez que somos instruídos até mesmo pelas coisas que nos servem" (Sermão 88,2). "A lei da abstinência atinge todas as estações. De fato, celebramos o jejum da primavera na Quaresma, do estio em Pentecostes, do outono no sétimo mês, o do inverno – porém, neste décimo mês, compreendendo que nada está fora do alcance dos preceitos divinos e que todos os elementos servem à palavra de Deus para nossa instrução; pois estes pontos cardiais no curso do mundo, à semelhança de quatro evangelhos, ensinam-nos, por incessante som de uma trombeta, o que devemos pregar e fazer" (Sermão 89,2).

Três exercícios são empregados no cultivo do campo espiritual: "Pela oração efetivamente procura-se obter de Deus a propiciação, pelo jejum extingue-se a concupiscência da carne, pelas esmolas os pecados são redimidos. Por tudo simultaneamente, a imagem de Deus se renova em nós, se estivermos sempre prontos para o seu louvor, incessantemente solícitos pela nossa purificação e incansavelmente atentos em sustentar o próximo" (Sermão 82,4).

Nos sermões em geral, mas sobretudo nos do jejum do décimo mês, além do aspecto ascético e de luta contra os inimigos que se manifestam na ociosidade e no luxo (cf. Sermão 88,1; 89,1), aparecem mais dois aspectos dignos de nota: a ação de graças e o serviço de caridade ao próximo.

"O homem foi feito à imagem de Deus para se tornar imitador do seu autor" (Sermão 82,1). Importa, pois, que em nós resplandeça, como num espelho, a bondade divina, o amor não só a Ele, mas a tudo aquilo que Ele ama (cf. Sermão 82,1). Consciente de que recebeu tudo de Deus, o homem é chamado a dar graças. "Às vezes, diz São Leão, a insipiência humana ousa murmurar contra seu criador, não só por causa da penúria, mas ainda por causa da abundância; se faltar queixa-se; se sobrar, torna-se ingrata. O dono de uma ampla colheita aborreceu-se por ver os celeiros repletos e gemeu devido à fartura de copiosa vindima. Não agradeceu a quantidade de frutos, mas lastimou a desvalorização" (Sermão 82,3). É preciso "dar graças à liberalidade divina pelos frutos que a terra produziu para o uso dos homens segundo as disposições da suprema providência" (Sermão 89,1).

Mas dando graças a Deus, o homem toma consciência de ser ele mediador da bondade divina em favor de seu semelhante (cf. Sermão 87,4; 86,1). Se Deus colabora na produção dos frutos da terra, o homem é convidado a contribuir, a partilhar (cf. Sermão 86,1). Desta perspectiva brota o verdadeiro sentido da caridade cristã, tão presente nos sermões de São Leão (cf. Sermão 74,4; 76,6; 81,4). "Diferem, na verdade, os recursos que ele concedeu aos homens, mas não os sentimentos que ele reclama. Calculem todos os próprios haveres, e deem mais aqueles que mais receberam. Aquilo de que os fiéis se abstêm torne-se nutrição do pobre e aproveitem ao necessitado as suas privações" (Sermão 90,3). "Evidentemente, riquezas desiguais não podem ser dispendidas de maneira semelhante; mas com frequência igualam-se em mérito os que gastam de maneira desigual, porque se as somas de dinheiro são diferentes, a disposição de ânimo pode ser idêntica" (Sermão 85,2).

Leão sabe motivar a generosidade dos fiéis: "Muito pouco é o que basta ao pobre. Nem seu sustento é dispendioso, nem a roupa. Insignificante é aquilo de que tem fome, sem valor aquilo de que tem sede, e a sua nudez precisa ser coberta, mas não requer ornato" (Sermão 84,2).

A esmola é fazer frutificar a terra do nosso coração (cf. Sermão 87,1), pois os nossos haveres aumentam quando bem-doados (cf. Sermão 87,2). Ainda mais, Deus em Jesus Cristo é o "fiel fiador dos pobres e generoso retribuidor dos empréstimos" (Sermão 87,2).

Resumindo, descobrimos nos sermões sobre os jejuns vários elementos que nos parecem válidos. Existem tempos fortes para o cultivo da vida espiritual. A necessidade da abstinência na vida do homem para não se deixar escravizar pelos bens materiais. Ação de graças a Deus pelos benefícios recebidos. Incentivo a uma abertura generosa para o próximo como mediador da bondade divina.

c) A observância atual das quatro têmporas

O novo *Calendarium romanum*, que executa as orientações do Concílio Vaticano II quanto às reformas litúrgicas, diz o seguinte sobre as rogações e as quatro têmporas:

> Nas rogações e nas quatro têmporas do ano a Igreja costuma elevar preces a Deus pelas várias necessidades do homem e de modo particular rende-lhe graças publicamente pelos frutos da terra e as atividades dos homens. Para que as rogações e as quatro têmporas do ano possam adaptar-se às diversas regiões e às necessidades dos fiéis, sejam ordenadas pelas conferências episcopais quanto ao tempo e ao modo de sua celebração.
>
> Além disso, sejam estabelecidas normas pela autoridade competente sobre a duração da celebração, se um, ou mais dias, sobre sua repetição durante o ano, atendendo sempre às necessidades locais.

A missa para cada dia destas celebrações seja escolhida dentre as votivas, a que estiver mais de acordo com a situação[7].

O que foi decidido pela Conferência Nacional dos Bispos do Brasil a esse respeito? A Assembleia-geral de Belo Horizonte, reunida em fevereiro de 1971, usando das faculdades que lhe foram atribuídas, decidiu: "Que a regulamentação da celebração das têmporas e rogações fique a critério das comissões episcopais regionais"[8].

d) Realidade atual e possíveis pistas de renovação

Seria o caso aqui de fazer um levantamento das decisões regionais a respeito das rogações e das têmporas e da praxe que se está adotando.

---

7. *Calendarium Romanum*. Roma: Typis Polyglottis Vaticanis, 1869. • *Normae universales de Anno Liturgico et de Calendario*, n. 45-47, p. 17.

8. *Diretório litúrgico*, 1978, p. 16.

Parece-nos estar havendo um grande vazio neste ponto.

Devemos reconhecer que as quatro têmporas ligadas às quatro estações do ano parecem ter uma base de sustentação muito frágil. Primeiro porque no nosso país tropical as estações do ano são pouco definidas. Segundo, existe uma variedade muito grande nas diversas regiões. E ainda porque as quatro têmporas ligadas a uma sociedade essencialmente agrícola não atendem à nova realidade da sociedade moderna.

Assim, talvez tenhamos contentado com alguns substitutivos, como a Quaresma com a campanha da fraternidade e o Dia Nacional de Ação de Graças. Em uma ou outra região possivelmente se tenha ido um pouco além.

Parece-nos que a renovação da praxe das têmporas com sua adaptação à nossa realidade se poderia encaminhar a partir de critérios gerais contidos nos sermões de Leão Magno. O conteúdo essencial seria: 1) Sucessivos tempos intensos de cultivo da vida espiritual realizado pela comunidade eclesial; 2) Tempos propícios de ação de graças pelos benefícios recebidos; 3) Exercícios de austeridade e disciplina para uma verdadeira vida humana e cristã; 4) Relação entre os bens materiais e a promoção humana, ou seja, a caridade.

A partir destes elementos poderão ser encontradas ocasiões com a devida expressão ritual; ou seja, celebrações adequadas.

Assim, quanto aos tempos, haverá uma diversidade muito grande. Há regiões onde se percebem as estações do ano. Eventualmente possam ser valorizadas. Em outras regiões, o tempo é percebido pelas chuvas e as secas, pelo tempo das águas e do plantio. Haverá regiões onde a sementeira e a colheita poderão adquirir grande importância. Pensemos ainda nas "Festas nacionais" de colheitas: da uva, do milho, da soja, do fumo, do trigo, do algodão, da cana, do café etc.

Mas numa comunidade onde a vida gira em torno da indústria e do comércio, e por isso em torno do salário, deverão ser encontrados outros momentos fortes de vivência humana: campanha por um justo salário, aumento do salário justo. Talvez aqui ainda tenha que funcionar a fantasia criativa. Quem sabe a celebração do dízimo, ou do centésimo, onde poderíamos aprender de Leão Magno a não apenas taxar as pessoas com quotas determinadas, mas através de celebrações introduzi-las no sentido mais profundo de sua vocação de contribuidores da generosa ação de Deus em favor dos homens. A Campanha da Fraternidade dentro do Tempo da Quaresma poderá ser valorizada, mas parece que o tempo forte do cultivo da vida espiritual da comunidade não deve restringir-se a um só período. Teríamos, então, o Dia Nacional de Ação de Graças, por ora ainda com caráter acentuadamente civil. Além disso, um pouco malcolocado, ainda que na última semana do Ano Litúrgico. Nesta linha talvez se pudesse valorizar mais a ação de graças do último dia do ano civil.

Sugerimos ainda a época das formaturas no mês de dezembro. As rogações poderiam ligar-se, quem sabe, à época dos exames vestibulares. Poderemos pensar também na valorização das iniciativas da FAO (Organização de Alimentação e Agricultura da ONU) em favor de alimentos para o mundo.

O que não podemos é ficar simplesmente com as formas tradicionais anacrônicas e sem conteúdo. Importa encontrar uma pluralidade de expressões para vivenciar o mesmo mistério de Cristo evocado pela oração, o jejum e a esmola, no seu sentido mais profundo de exercícios comunitários da vida cristã.

3. Sermões sobre a ordenação episcopal

Trata-se de sermões pronunciados por ocasião de sua ordenação episcopal e elevação ao sumo pontificado (n. 92) e do aniversário de sua ordenação (n. 93-96). Por ocasião do aniversário de sua elevação ao sumo pontificado, os bispos presentes em Roma ou especialmente convidados reuniam-se em torno do papa. Todos conhecemos a grande figura do Papa Leão Magno que conseguiu catalisar em torno de si a herança do Império Romano decadente. Governou a Igreja de 440 a 461. Notável é sua doutrina sobre o primado do Bispo de Roma como sucessor de Pedro. Ele foi consciente dos seus privilégios e fê-los valer até as últimas consequências. Aproveitou dos encontros de celebração do aniversário para comunicar e fazer sentir esta consciência aos seus irmãos no episcopado.

O Sermão 92, proferido no dia de sua ordenação episcopal, constitui uma ação de graças a Deus por sua escolha ao sumo pontificado. Sabemos que foi eleito papa como arcediácono, mesmo ausente de Roma, em missão diplomática na Gália[9].

---

9. Cf. LE GRAND, L. *Sermons*. T. IV. Paris: Sources Chrétiennes, 1973, p. 18.

No Sermão 93, aniversário de sua elevação ao sumo pontificado, ele aproveita a ocasião para lembrar o primado: "Ele aprova a caridade bem-ordenada de toda a Igreja que acolhe Pedro na Sé de Pedro, e não deixa esfriar a caridade para com tão grande pastor, nem mesmo através da pessoa de um herdeiro tão pouco semelhante a ele" (Sermão 93,2).

No Sermão 94 ele apresenta uma bela reflexão sobre o sacerdócio ministerial e particularmente sobre o primado de Pedro e, por consequência, do Bispo de Roma. O papa é reconhecido não somente como prelado da Sé de Roma, mas primaz de todos os bispos (cf. Sermão 94,4).

No Sermão 95, após realçar o sacerdócio universal dos fiéis (cf. Sermão 95,1), apresenta de modo contundente o primado do Bispo de Roma: "Embora haja no povo de Deus muitos sacerdotes e múltiplos pastores, todavia propriamente devia Pedro reger a todos, os quais de modo especial Cristo também rege" (Sermão 95,2). "A instituição proveniente deste mandato transferiu-se também para todos os príncipes da Igreja; mas não é em vão que é entregue a um o que deve ser recomendado a todos" (Sermão 95,3). "A nós, no entanto – diz ele no Sermão 96 –, com todos eles compete a preocupação comum e não existe governo de nenhum que não seja uma porção de nosso labor. Quando de todo o mundo se acorre à Sé do apóstolo São Pedro, e se reclama de nós dispensarmos à Igreja universal aquele amor que lhe foi recomendado pelo mesmo Senhor, sentimos o peso do ônus à medida que devemos dar mais a todos" (Sermão 96,2).

Leão Magno entende também que o sacerdote constitui um sacramento de Cristo na comunidade cristã; por isso constitui motivo de celebração. Não só. Como Cristo veio não para ser servido, mas para servir, também o pontificado constitui um serviço. Por isso ele pode exclamar: "Nós nos alegramos não tanto de presidir, mas de servir" (Sermão 96,5).

Frei Alberto Beckhäuser, O.F.M.

Texto

69 (LXXXII)
Sermão no natalício* dos apóstolos Pedro e Paulo

1. Em verdade, caríssimos, participa o mundo inteiro de todas as sagradas solenidades e a piedade de uma mesma fé exige seja celebrada, em toda a parte, com júbilo comum, a memória do que se realizou para a salvação de todos. Não obstante as bem-merecidas honras que recebe em todo o orbe, em nossa cidade deve ser venerada a festa de hoje com especial e particular exultação, a fim de que, onde foi glorificado o trânsito dos príncipes dos apóstolos, haja no dia de seu martírio a mais intensa alegria. Foram eles, ó Roma, os varões por cujo intermédio resplandeceu a teus olhos o evangelho de Cristo; e tu, mestra do erro, converteste-te em discípula da verdade. Estes são teus santos pais e verdadeiros pastores que, para te introduzir nos reinos

---

* A Igreja comemora a data da morte dos santos, sobretudo dos mártires, como o dia do nascimento para Deus.

celestes, fundaram-te muito melhor e mais feliz-
mente do que aqueles cujos esforços lançaram os
primitivos alicerces de tuas muralhas, o primeiro
dos quais, aquele que te deu o nome, manchou-
-te com um fratricídio. Foram eles que te eleva-
ram à glória de reinares pela religião divina sobre regiões mais vastas do que pelo predomínio
terreno, tu, ó estirpe santa, povo eleito, cidade
sacerdotal e régia (cf. 1Pd 2,9) transformada em
capital do mundo, devido à Sagrada Sé de Pedro.
Engrandecida por muitas vitórias, estendeste o
direito imperial por terra e mar; é menor, contudo, o que a ti submeteu a arte bélica, do que
aquilo que a paz cristã te sujeitou.

2. Pois Deus bom, justo e onipotente, que
jamais negou sua misericórdia ao gênero humano e sempre ensinou aos mortais em geral a co-
nhecê-lo, através de superabundantes benefícios,
compadeceu-se, por secreto desígnio e profunda
piedade, da voluntária cegueira dos transviados e

da perversidade deles inclinada ao mal, enviando seu Verbo, igual a si e coeterno. Este último fez-se carne (cf. Jo 1,14) e de tal modo uniu a natureza divina à humana que sua descida ao que há de mais humilde tornou-se nossa elevação ao que há de mais sublime. No intuito de estender o efeito desta inefável graça (cf. 2Cor 9,15) ao mundo inteiro, a providência divina preparou o Império Romano, que dilatou as suas fronteiras até se tornar contíguo e vizinho a todas as nações do universo. Era, de fato, de suma conveniência ao plano divino que muitos reinos se confederassem num só império e a pregação geral tivesse fácil acesso aos povos sob o regime de uma só cidade. Mas esta, ignorando o autor de sua elevação, enquanto dominava quase todas as nações, servia aos erros de todas as gentes e julgava ser grande a religião que abraçara, porque não rejeitara falsidade alguma. Assim, quanto mais tenazmente a acorrentava o diabo tanto mais maravilhosamente foi libertada por Cristo.

3. Quando os doze apóstolos, depois de terem recebido, por ação do Espírito Santo, o dom de falar as línguas de todos, distribuíram entre si as partes da terra para ensinarem ao mundo o evangelho, a São Pedro, príncipe do Colégio apostólico[10], coube a cidadela do Império Romano, a fim de que a luz da verdade, revelada para a salvação de todas as nações, da própria cabeça se difundisse mais eficazmente por todo o corpo do mundo. Pois de que nação não havia então homens nesta cidade? Ou, quais os povos, de qualquer lugar, que ignorassem o que Roma aprendera? Aqui deviam ser refutadas as opiniões da filosofia, aqui destruídas as vaidades da sabedoria terrena, aqui confundido o culto dos demônios, aqui destruída a impiedade de todos os sacrilégios, aqui, onde a mais ativa superstição havia reunido tudo quanto fora excogitado em toda a parte pelos erros mais variados.

---

10. No original: *apostolici ordinis.* Embora *colégio* tenha sentido preciso, talvez traduza bem a palavra *ordo.*

4. Não receias, pois, ó bem-aventurado Apóstolo Pedro, vir a esta cidade com o teu companheiro de glória, o Apóstolo Paulo, ocupado ainda na organização das outras igrejas; penetras nesta selva de feras que rugem, e caminhas sobre o abismo de um agitado oceano com maior firmeza do que aquela vez em que andaste sobre o mar (cf. Mt 14,30). Tu, que na casa de Caifás tiveste medo da criada do sacerdote (cf. Mt 26,70), não temes a Roma, a senhora do mundo. Era acaso menor o poder de Cláudio ou a crueldade de Nero do que o julgamento de Pilatos ou o furor dos judeus? A força de amor venceu, portanto, o motivo do temor; não consideravas temíveis os que havias acolhido para amar. Mas, de fato, já assumiras o afeto de uma intrépida caridade quando a profissão de teu amor ao Senhor se consolidou pelo mistério da tríplice interrogação (cf. Jo 21,15-17). Não foi então reclamada outra intenção de teu espírito, para apascentares as ovelhas daquele que amavas, senão que lhes desses em alimento aquele do qual tu mesmo te havias nutrido.

5. Os sinais de tantos milagres, os dons de tantos carismas, a experiência de tantos feitos admiráveis aumentavam também a tua confiança. Já havias instruído os povos fiéis vindos da circuncisão (cf. Gl 2,7), já havias fundado a igreja de Antioquia, onde se originou a dignidade do nome de cristão (cf. At 11,26); já imbuirás com as leis da pregação evangélica o Ponto, a Galácia, a Capadócia, a Ásia e a Bitínia (cf. 1Pd 1,1). Sem duvidar do resultado da obra, nem hesitar por desconhecer a duração de tua vida (cf. 2Pd 1,14), fincaste o troféu da cruz de Cristo nas fortificações de Roma, ali mesmo onde, por predestinação divina, te esperavam a honra do poder e a glória da paixão.

6. Vindo também a esta mesma cidade o Bem-aventurado Paulo, apóstolo como tu, instrumento de eleição (cf. At 9,15) e doutor especial dos gentios (cf. 2Tm 1,11), a ti associou-se no momento em que toda inocência, todo pudor e toda liberdade penava sob o império de Nero, cujo furor, inflamado pelo excesso de todos os vícios, o precipitou em tal avalanche de loucura, que foi o primeiro a infligir ao nome cristão a atrocidade de uma perseguição geral, como se, pelo morticínio dos santos, pudesse se extinguir a graça de Deus. Isto constituía para eles grande lucro, pois o desprezo desta vida finita se tornava a aquisição da felicidade eterna. "Preciosa é", portanto, "aos olhos do Senhor a morte de seus santos" (Sl 115,15). A religião fundada no mistério da cruz de Cristo não pode ser destruída por espécie alguma de crueldade. As perseguições não diminuem a Igreja, mas incrementam-na. O campo do Senhor reveste-se sempre de colheita mais rica, quando os grãos, que caem sozinhos, nascem multiplicados (cf. Jo 12,24). Por isso, atestam quantos rebentos brotaram dessas duas plantas de ótima qualidade, divinamente semeadas, os milhares de bem-aventurados mártires, êmulos dos triunfos dos apóstolos, que cingiram nossa cidade com uma multidão purpúrea, amplamente rutilante, e de alguma sorte a coroaram com um só diadema, coruscante pelo engaste de numerosas pedras preciosas.

7. Alegremo-nos, caríssimos, por esta ajuda, divinamente preparada, para exemplo de paciência e confirmação na fé, de modo universal, quando se comemoram todos os santos; mas é justo gloriar-nos com maior regozijo por causa destes pais excelentes que, entre todos os membros da Igreja, a graça de Deus elevou a ponto de estabelecê-los como os dois olhos do corpo, cuja Cabeça é Cristo (cf. Ef 1,22). Não pensemos em diversidade ou separação alguma ao se tratar dos méritos e das virtudes deles, superiores a tudo que se possa exprimir. A eleição fê-los pares, o labor semelhantes, o fim iguais. Conforme experimentamos e nossos maiores verificaram, acreditamos e confiamos que no meio das labutas desta vida sempre havemos de ser ajudados pelas orações de nossos padroeiros especiais para obtermos a misericórdia de Deus, e assim, na mesma medida em que nos deprimem nossos pecados, nos reergueremos pelos méritos dos apóstolos. Por Nosso Senhor Jesus Cristo ao qual, com o Pai e o Espírito Santo, pertencem o mesmo poder e a mesma divindade, pelos séculos dos séculos. Amém.

70 (LXXXIII)
No natalício de São Pedro Apóstolo

1. Exultemos no Senhor, caríssimos, e regozijemo-nos com alegria espiritual, porque o Filho Unigênito do Pai, Nosso Senhor Jesus Cristo, para manifestar-nos os mistérios do plano da salvação[11] e de sua divindade, dignou-se destinar a esta cidade São Pedro, o primeiro do colégio apostólico[12]. A solenidade de hoje, no aniversário de seu triunfal martírio, ofereceu ao mundo

---

11. No original: *dispensationis. Dispensatio* designa o plano divino da salvação manifestada pela redenção.

12. No original: *apostolici ordinis primum.*

inteiro um exemplo e uma glória. Foi este, caríssimos, o resultado daquela profissão de fé que, inspirada por Deus Pai ao coração do apóstolo (cf. Mt 16,17), superou todas as incertezas das opiniões humanas e recebeu a firmeza da pedra que golpe algum conseguiria abalar. Como narra a história evangélica (cf. Mt 16,3), o Senhor interroga todos os apóstolos sobre o que os homens pensam a seu respeito.

[A resposta dos interlocutores é uma só enquanto se trata de explicar as dúvidas do entendimento humano[13].]

Mas logo que exige a manifestação do pensamento dos discípulos, o primeiro a confessar o Senhor é o primeiro na dignidade apostólica. Tendo dito: "Tu és Cristo, o Filho do Deus vivo", respondeu-lhe Jesus: "Bem-aventurado és tu, Simão Barjona, porque não foi a carne

---

13. Esta frase em colchetes falta na edição da *Sources Chrétiennes*.

e o sangue que te revelou, mas meu Pai, que está nos céus" (Mt 16,16-17). Isto é, és bem-aventurado, porque foi meu Pai que te ensinou. Não te enganou a opinião terrena, mas foi a inspiração celeste que te instruiu. Nem a carne, nem o sangue me revelou a ti, e sim aquele de quem sou o Unigênito. "Ora, eu", afirmou, "te digo", assim como meu Pai te revelou minha divindade, assim faço-te conhecida a tua excelência. "Tu és Pedro"; isto é, sendo eu a pedra indestrutível, a pedra angular (cf. Ef 2,20) que dos dois muros faço um só (cf. Ef 2,14), também tu és pedra, porque és consolidado por minha virtude, a fim de que as coisas que me pertencem por meu poder sejam comuns a ti, por participação.

2. "Sobre esta pedra edificarei a minha Igreja e as portas do inferno não prevalecerão contra ela" (Mt 16,18). Sobre esta fortaleza, disse, edificarei o templo eterno e a sublimidade de minha Igreja, que há de ser introduzida no céu, se elevará sobre a firmeza desta fé. As portas do inferno não prevalecerão contra esta confissão, nem os vínculos da morte prendê-la-ão. Esta palavra, pois, é palavra de vida (cf. Jo 6,63.68) e assim como soergue aos céus os que a confessam, do mesmo modo mergulha nos infernos os que a negam. Por isso é dito a São Pedro: "Eu te darei as chaves do Reino dos Céus; e o que ligares na terra ficará ligado nos céus, e o que desligares na terra, ficará desligado nos céus" (Mt 16,19). Transmitiu-se, é certo, também aos demais apóstolos o exercício deste poder, mas não foi em vão confiado a um o referente a todos. Efetivamente, é entregue de modo singular a Pedro, porque o modo de agir de Pedro é proposto a todos os chefes da Igreja. Permanece o privilégio de Pedro onde quer que se emita um julgamento baseado em sua equidade. Não será excessiva a severidade, nem o perdão, quando só for ligado ou desligado aquilo que São Pedro ligar ou desligar.

3. Mas o Senhor, pouco antes de sua paixão, que haveria de turbar a constância de seus discípulos, disse: "Simão, eis que satanás vos procurou para vos joeirar como trigo; mas eu roguei por ti, a fim de que a tua fé não desfaleça e tu, uma vez convertido, confirma os teus irmãos", "para não cairdes em tentação" (Lc 22,31-32.46). O perigo da tentação do medo era comum a todos os apóstolos e precisavam todos igualmente da proteção divina, pois o diabo queria atormentar (cf. 1Sm 16,14), derrubar (cf. Mc 9,20; Lc 9,39) a todos. No entanto, o Senhor cuida especialmente de Pedro e particularmente ora pela fé de Pedro, como se houvesse de ser mais seguro o estado dos demais, se o espírito do príncipe ficasse invicto. Em Pedro, portanto, consolida-se a força de todos e de tal modo é disposto o auxílio da graça divina que a firmeza concedida por Cristo a Pedro é conferida por ele aos apóstolos. Por isso, após a sua ressurreição, o Senhor, depois de ter confiado ao apóstolo São Pedro as chaves do reino, à tríplice profissão de eterno amor, responde por três vezes, com significado místico: "Apascenta as minhas ovelhas" (Jo 21,17), o que, sem dúvida, o pio pastor faz ainda hoje, realizando o mandato do Senhor, ao confirmar-nos com suas exortações e orar incessantemente por nós, para não sermos vencidos por tentação alguma. Se, pois, como se deve crer, ele estende a toda a parte este cuidado amoroso para com o povo de Deus, quanto mais não se dignará prodigalizar-nos ajuda, a nós, seus discípulos, perto dos quais repousa em sono bem-aventurado, no sagrado leito, o mesmo corpo de que estava revestido quando nos governou? Vendo, pois, caríssimos, o grande socorro divinamente instituído em nosso favor, é razoável e justo alegrarmo-nos por causa dos méritos e da dignidade de nosso chefe, dando graças ao Rei sempiterno e nosso Redentor, o Senhor Jesus Cristo, que lhe conferiu tanto poder e fê-lo príncipe de toda a Igreja, para glória e louvor de seu nome (cf. Fl 1,11). A Ele honra e glória pelos séculos dos séculos. Amém.

71 (LXXXIV)
Sermão na oitava dos apóstolos Pedro e Paulo, a propósito da solenidade pouco frequentada

1. A religiosa devoção, caríssimos, com a qual todo o povo fiel acorria a dar graças a Deus pelo dia do nosso flagelo e de nossa libertação, vem sendo quase inteiramente descurada por todos. Demonstra-o o número reduzido dos presentes, e meu coração se enche de pesar e grande temor. É sumamente perigoso serem os homens ingratos para com Deus e esquecidos de seus benefícios, não se afligirem pela correção, nem se alegrarem pelo perdão. Receio, por isso, caríssimos, que vise repreendê-los a palavra do profeta: "Vós os golpeastes, mas eles não sentiram; Vós os feristes, mas eles recusaram aceitar a correção" (Jr 5,3). Pois que espécie de correção manifestam aqueles que demonstram tamanha aversão? Sinto vergonha em dizê-lo, mas não é possível calar. Mais se concede aos demônios do que aos apóstolos e os espetáculos loucos são mais frequentados do que os sepulcros dos mártires[14]. Quem restituiu a salvação a esta cidade? Quem a arrancou do cativeiro? Preservou-a do morticínio? Os jogos do circo ou a proteção dos santos? Por seus sufrágios suavizou-se a severidade da sentença divina, a fim de que nós, merecedores de ira, fôssemos conservados em vista do perdão.

2. Que o vosso coração, caríssimos, eu vos suplico, seja tocado pela palavra do Senhor ao curar os dez leprosos por virtude de sua misericórdia (cf. Lc 17,11-19). Disse que só um deles voltou para agradecer. Assinalava os ingratos que, tendo recuperado a saúde do corpo, não podiam, sem impiedade de ânimo, faltar a este dever de piedade. No intuito de evitar vos seja aplicada também, caríssimos, esta nota de ingratidão, convertei-vos ao Senhor, reconhecendo as maravilhas que se dignou operar em nós

---

14. No original: *quam beata martyria. Martyrium* significa propriamente o túmulo dos mártires e o santuário construído sobre ele.

(cf. Sl 67,29) e não atribuindo nossa liberação à influência das estrelas, conforme opinam os ímpios, mas à inefável misericórdia de Deus onipotente que se dignou amansar os corações dos bárbaros furiosos, conferi todo o vigor da fé à lembrança de tão grandes benefícios. Negligência grave cura-se por reparação maior. Aproveitemos para nossa emenda a brandura daquele que perdoa, a fim de que São Pedro e todos os santos que nos assistiram em muitas tribulações se dignem, junto de Deus, que é misericordioso, apoiar nossas preces por vós. Por Cristo, nosso Senhor. Amém.

72 (LXXXV)
No natalício do mártir São Lourenço

1. Origina-se, caríssimos, a suma de todas as virtudes e a plenitude da justiça, daquela caridade com a qual se ama a Deus e ao próximo (cf. Rm 13,10); mas, em ninguém, certamente, esta sobressai em grau maior e refulge com brilho mais intenso do que nos bem-aventurados mártires, tão próximos de Nosso Senhor Jesus Cristo morto por todos os homens, pela imitação da caridade e semelhança da paixão. Embora bondade alguma possa igualar-se àquela dileção com a qual o Senhor nos redimiu – uma coisa é morrer por um justo um homem que necessariamente há de morrer, e outra, sucumbir quem está isento do débito da morte, em favor dos ímpios (cf. Rm 5,6-7) –, todavia, muito conferiram a todos os homens também os mártires, de cuja fortaleza se serviu o Senhor, doador dela, querendo que a nenhum dos seus fossem terríveis a pena da morte e a atrocidade da cruz, mas se tornassem imitáveis para muitos. Se, portanto, ninguém é bom só para si, nem há sábio cuja sabedoria seja amiga exclusivamente dele, e ainda, é da natureza das verdadeiras virtudes que, aquele que brilha por sua luz afaste a muitos das trevas do erro, não existe exemplo mais útil para instruir o povo de Deus de que o dos mártires. Tenha embora a eloquência facilidade em suplicar e a razão eficácia para persuadir, não obstante, os exemplos valem mais do que as palavras e é melhor ensinar por obras do que por meio da voz.

2. Nesta espécie, por excelência, de ensinamento, a gloriosa dignidade do mártir São Lourenço, cuja paixão ilustrou o dia de hoje, foi percebida pelos próprios perseguidores, porque aquela maravilhosa força de ânimo, haurida principalmente no amor de Cristo, não só não cedeu, mas também robusteceu a outros pelo exemplo de sua tolerância. Quando, de fato, o furor das autoridades pagãs perseguia violentamente cada um dos membros escolhidos de Cristo e atacava de preferência os que pertenciam à ordem sacerdotal[15], o ímpio perseguidor enfureceu-se contra

---

15. A perseguição de Valeriano (257-258), na qual teria perecido São Lourenço, dirigiu-se particularmente contra os chefes das comunidades cristãs.

o levita Lourenço, que se distinguia não só no ministério dos sacramentos, mas também na dispensação dos bens da Igreja. Prometia a si mesmo duas presas com a captura de um só homem. Se conseguisse que ele lhe entregasse o tesouro sagrado, ele o converteria também em desertor da verdadeira religião. Assim, este homem ávido de dinheiro e inimigo da verdade armou-se de duas tochas: a da avareza, visando raptar-lhe o ouro, e a da impiedade, para arrebatar-lhe Cristo. Reclama do imaculado guardião do tesouro sacro a entrega dos bens da Igreja, que cobiçava com avidez. O casto levita mostrou-lhe onde os havia depositado, apresentando-lhe os grupos inumeráveis de cristãos[16] pobres, em cuja alimentação e vestuário havia empregado bens inamissíveis, que tanto mais estavam integralmente preservados quanto se comprovava haverem sido mais santamente dispendidos.

---

16. No original: *sanctorum pauperum*; isto é: dos santos pobres. Os cristãos eram chamados de santos.

3. O usurpador frustrado enfureceu-se e, inflamando-se de ódio contra uma religião que instituíra tal emprego das riquezas, empreendeu a pilhagem de tesouro ainda mais precioso. Quis roubar daquele, em cuja posse não encontrara riqueza alguma, o depósito que o tornava mais santamente rico. Ordena a Lourenço renegar a Cristo e preparar-se para atacar aquela inquebrantável fortaleza de alma do levita com cruéis suplícios. Como os primeiros nada conseguiram, sucederam-se outros mais violentos. Mandou assar ao fogo os membros dilacerados e talhados por inúmeros golpes. Assim, por meio de uma grelha de ferro que por si queimava, porque continuamente incandescente, foram revolvidos alternadamente os membros, tornando-se a tortura mais veemente e a pena mais prolongada.

4. Nada obténs, nada adiantas, ó feroz crueldade! A matéria mortal subtrai-se a tuas invenções, e enquanto Lourenço sobe ao céu, tu desfaleces. A chama da caridade de Cristo não pôde ser extinta por tuas chamas (cf. Rm 8,35.37), e o fogo que queimou por fora foi mais brando do que aquele que ardeu por dentro. Serviste, ó perseguidor, ao mártir quando o seviciaste[17]. Aumentaste a palma ao acumulares as penas. Pois, das invenções de tua engenhosidade, o que não contribuiu para a glória do vencedor, visto que até os instrumentos do suplício converteram-se em honra de seu triunfo? Alegremo-nos, pois, caríssimos, com regozijo espiritual e pela felicíssima morte deste ínclito varão gloriemo-nos no Senhor (cf. 1Cor 1,31; Fl 3,3), que é admirável nos seus santos (Sl 67,36)[18], e neles ofereceu-nos simultaneamente auxílio e exemplo. Fez resplandecer sua glória pelo universo de tal maneira que do levante ao poente (Sl 49,1) brilhem os fulgores de seus levitas, e Roma se

---

17. Procuramos manter na tradução o trocadilho do original: *Servisti, persecutor, martyri, cum saevisti.*

18. Uma interpretação acomodatícia muito frequente nos Santos Padres. *In sanctis* significa propriamente *in sanctuario.*

torne tão ilustre por causa de Lourenço como Jerusalém devido a Estêvão. Por sua oração e seu patrocínio confiamos sermos auxiliados incessantemente. Uma vez que, como diz o Apóstolo, "todos aqueles que querem viver piedosamente em Cristo Jesus serão perseguidos" (2Tm 3,12), robusteçamo-nos pelo espírito de caridade (cf. Ef 3,16), e para superar todas as tentações, defendamo-nos com a perseverança de uma fé constante (cf. Ef 3,17). Por Nosso Senhor Jesus Cristo, que vive e reina com o Pai e o Espírito Santo, pelos séculos dos séculos. Amém.

73 (LXXXVI)
Primeiro sermão sobre o jejum do sétimo mês*

1. Sabemos, caríssimos, que vossa observância é zelosa, porque cuidais da alma não só

---

* Este sermão foi pronunciado em setembro de 441.

através dos jejuns prescritos, mas também por jejuns voluntários. No entanto, a este esforço devemos acrescentar nossos conselhos e admoestações, a fim de que, se houver neste exercício alguns mais indolentes, unam-se, por obediência, à abstinência comum, ao menos nestes dias, nos quais é necessário celebrar com maior cuidado o costume sacratíssimo, para merecermos pela humilhação do jejum o auxílio divino contra todos os nossos inimigos. É, de fato, uma observância muito importante que em virtude de nossa autoridade vos prescrevemos, e à prática da qual vos persuadimos por caridade. Refreada um pouco a liberdade de comer, procuremos mortificar os corpos e alimentar os pobres; quem lhes oferece refeição, nutre a própria alma e transforma os festins efêmeros em delícias eternas.

2. Em lugar das más concupiscências venha o aumento dos santos desejos. Cesse a iniquidade, mas não seja ociosa a justiça. Aquele que a ninguém faz sofrer por opressão, procure que outrem perceba sua ajuda. De pouca monta é, com efeito, não tirar as coisas alheias, se não se der das próprias. Estamos sob o olhar de um justo juiz (cf. Sl 7,12) que conhece os meios dados por Ele mesmo a cada um para fazer o bem. Não quer que fiquem ociosos os seus dons aquele que distribuiu a seus servos certa medida de talentos místicos. Quem liberalmente houver distribuído o que lhe foi confiado, irá aumentá-lo, e quem o tiver conservado de modo estéril, irá perdê-lo (cf. Mt 25,14-30). Por isso, caríssimos, sendo conveniente celebrar o jejum do sétimo mês, exortamos a vossa santidade a jejuarmos nas quartas e sextas-feiras, e aos sábados, unidos, celebrarmos as vigílias junto ao bem-aventurado Apóstolo Pedro; por sua intercessão e seus méritos, mereçamos ser libertados de todas as tribulações. Por Nosso Senhor Jesus Cristo que vive e reina pelos séculos dos séculos. Amém.

74 (LXXXVII)
Segundo sermão sobre o jejum
do sétimo mês*

1. Deus, criador e redentor do gênero humano, querendo que nos encaminhemos para as promessas da vida eterna (cf. 1 Tm 4,8; 2 Tm 1,1) pelas sendas da justiça (cf. Pr 2,8; 12,28; Is 40,14), e como não faltam as tentações que nos assaltem com ataques insidiosos na via das virtudes, muniu-nos, caríssimos, de muitos auxílios, a fim de rompermos por meio deles os laços do diabo. Entre estes, concedeu a seus servos um, extremamente salutar, a saber, armarem-se contra os enganos do inimigo com a força da temperança e as obras de misericórdia. Aquele, efetivamente, que desde o princípio incutiu nos primeiros homens o apetite do alimento proibido (cf. Gn 3), e infundiu nos crédulos, em mau sentido, o veneno de todas as concupiscências, por meio dos atrativos da gula, não renuncia a usar dos mesmos

---

* Este sermão é de setembro de 442.

enganos. Na natureza, que ele está cônscio de ter sido viciada devido às sementes que ele mesmo aí lançou, procura a germinação de sua semeadura e para corromper os esforços da virtude acende o desejo da volúpia. É tormento para ele o progresso dos cristãos, mas não pode ferir de modo algum as almas daqueles que aprenderam a dominar, com a ajuda de Deus, sua própria carne. Com razoável moderação, pois, e com santo propósito sejam contidos os desejos rebeldes. Não se permita que as concupiscências corporais resistam aos castos desejos espirituais. Saiba o homem interior que há de reger o seu exterior, e a mente orientada pelas ordens divinas obrigue a substância terrena a prestar serviço à vontade reta. Não nos há de faltar de modo algum, para a conservação desta ordem, o auxílio de nosso Rei misericordioso, que nos instruiu com as normas de uma observância assaz salutar, determinando, com o retorno das estações, certos dias de jejum, nos quais, pela mortificação corporal, se robusteça a virtude da alma.

2. Mas, caríssimos, acha-se à nossa disposição, também neste sétimo mês, o benefício de tal remédio, que nos convém tomar, com prontidão e presteza. Cada qual, além daquela abstinência que a si mesmo se impõe de modo especial e privado, segundo as próprias possibilidades, realize igualmente com ânimo a atual, prescrita a todos juntos. Pois, no ardor da peleja cristã, a abstinência é de grande utilidade, a tal ponto que os mais cruéis espíritos demoníacos, que nenhum exorcismo consegue expulsar, são lançados fora somente pela virtude dos jejuns e das orações, como disse o Senhor: "Quanto a esta casta de demônios só se expulsa à força de oração e de jejum" (Mt 17,21). A oração dos que jejuam é, pois, agradável a Deus e terrível ao diabo. É evidente quanto contribua para a própria salvação, uma vez que presta tamanha ajuda à alheia.

3. Embora devamos, caríssimos, ser unanimemente devotos a esta observância, se a debilidade de alguns os impedir de realizarem o que querem, substituam pelo dispêndio de seus bens a fadiga que ultrapassa suas forças corporais. Muitas são, efetivamente, as obras de misericórdia que asseguram mérito maior à própria necessidade de comer, se for adquirida, pelo exercício da bondade, purificação idêntica à daqueles que jejuam. Pois, como são estéreis suores e fadigas para os que nada omitem a respeito da humilhação do jejum, se não se santificarem pela distribuição da esmola à medida do possível, é conveniente seja mais abundante a liberalidade em vista da refeição dos pobres, por parte daqueles que têm menos força para a abstinência. O mesmo, portanto, que alguém não recusa a si, por causa da própria fraqueza, de bom grado dispenda em favor da penúria alheia, e torne comuns a própria necessidade e a do indigente. Não se inculpa ao fraco a quebra do jejum, se dele recebe comida o pobre faminto; nem se contamina ao tomar alimento aquele que se purifica por meio da esmola, conforme diz o Senhor: "Dai esmola e todas as coisas vos serão limpas" (Lc 11,41).

4. Devem mesmo aqueles, caríssimos, que se abstêm das delícias dos festins, através da prática da esmola, obter os frutos da misericórdia e assim, tendo semeado com abundância, copiosamente recolham (cf. 2Cor 9,6). Jamais engana ao agricultor esta colheita, nem é incerta a esperança do cultor da piedade (cf. 1Cor 9,10). As sementes assim esparsas pela mão do semeador não são queimadas pelo calor, nem arrastadas pelas torrentes, nem derrubadas pela saraiva (cf. Mt 7,25). Todas as riquezas gastas em obras de misericórdia mantêm-se incólumes; não só permanecem íntegras, mas aumentam em quantidade e alteram-se em qualidade. Das terrenas derivam as celestes, as pequenas produzem as grandes, e o dom temporal se converte em prêmio eterno. Quem quer que sejas, que amas as riquezas, e ambicionas multiplicar o que possuis, enche-te de ardor por tais lucros, suspira por acumular esses bens, dos quais nada rouba o ladrão, nada corrói a traça, nem a ferrugem destrói (cf. Mt 6,20). Não percas a esperança no empréstimo, nem desconfies de quem o recebe. "O que fizestes a um destes, a mim o fizestes" (Mt 25,40); vê bem quem é que o afirma, e com segurança reconhece, pelos olhos perspicazes da fé, junto de quem colocaste as tuas riquezas. Não duvides da devolução quando o devedor é Cristo. A liberalidade não seja ansiosa, nem triste o jejum. A quem dá com alegria, Deus fiel em suas palavras (cf. Sl 144,13) ama (2Cor 9,7) e retribui abundantemente as esmolas que benignamente concedeu a fim de serem doadas com liberalidade, Ele mesmo, Nosso Senhor Jesus Cristo, que vive e reina pelos séculos dos séculos. Amém.

75 (LXXXVIII)
Terceiro sermão sobre o jejum do sétimo mês

1. Como são valiosos, caríssimos, os jejuns religiosos para impetrar a misericórdia do Senhor e renovar as condições da fragilidade humana, notifica-nos a pregação dos santos profetas, que protestam não poder a ira da justiça divina, sob a qual recaía com frequência o povo de Israel por sua iniquidade, ser aplacada senão pelo jejum. Por isso, o Profeta Joel admoesta, dizendo: "Agora, pois, diz o Senhor, voltai a mim de todo o coração com jejuns, com lágrimas e pesar. Rasgai o vosso coração e não as vossas vestes; voltai ao Senhor, vosso Deus, porque Ele é benigno e misericordioso, longânime e rico em indulgência" (Jl 2,12-13); e ainda: "Santificai o jejum, proclamai a cura, reuni o povo, santificai a Igreja!" (Jl 2,15-16). Esta exortação, caríssimos, deve ser acolhida também em nossos tempos, porque é preciso que anunciemos os remédios destinados a tal cura, para que, seguindo a observância da santificação de outrora, alcance a devoção cristã o que perdeu a prevaricação judaica.

2. Sem dúvida, a reverência às instituições divinas tem sempre lugar privilegiado em relação a qualquer intento de observância espontânea. Mais sagrado é o que é cumprido por causa de uma lei pública do que aquilo que depende de uma determinação privada. O exercício da abstinência imposto a si mesmo por próprio arbítrio visa a utilidade só de uma parte; mas o jejum adotado pela Igreja universal a ninguém exclui da purificação geral; e o povo de Deus se torna fortíssimo quando os corações de todos os fiéis se congregam na unidade da santa obediência, e há nos acampamentos da milícia cristã (cf. 2Cor 10,4; 1Tm 1,18) em todas as partes a mesma preparação, e a mesma defesa em todo lugar. Embora o vigilante furor do cruel inimigo possa rugir e armar em todo lugar insídias secretas, a ninguém poderá prender, nem vulnerar, se não encontrar pessoa alguma desarmada, nem preguiçosa, nem alheia às obras de piedade.

3. Convida-nos, caríssimos, a esta poderosa e invicta unidade também o solene jejum do sétimo mês; a fim de que elevemos ao Senhor nossas almas, livres das solicitudes do século e das atividades terrenas. Visto que não podemos todos ter perpetuamente esta sempre necessária disposição e muitas vezes por fragilidade humana recaímos do alto às coisas terrenas, ao menos nestes dias instituídos para obtermos remédios tão salutares, subtraiamo-nos às ocupações mundanas e furtemos alguns momentos, aproveitando-os para a aquisição dos bens eternos. Está escrito: "Todos nós cometemos muitas faltas" (Tg 3,2). Não obstante diariamente nos purificarmos de diversas contaminações, pela graça de Deus, as almas incautas por vezes contraem manchas mais grosseiras, que terão de lavar com cuidado mais atento e apagar com maior esforço. O perdão pleno dos pecados, porém, é alcançado se uma só é a oração de toda a Igreja e a confissão apenas uma. Pois, se o Senhor prometeu conceder tudo o que dois ou três pedissem, em santa e piedosa concórdia (cf. Mt 18,19), que será negado ao povo constituído de muitos milhares, que juntos praticam a mesma observância e suplicam com um só coração e uma só alma?

4. É grande, caríssimos, e sumamente precioso aos olhos do Senhor participar todo o povo de Cristo das mesmas funções; graus e ordens de ambos os sexos cooperarem com os mesmos sentimentos; todos juntos terem igual critério para se apartarem do mal e fazerem o bem (cf. Sl 36,27); ser Deus glorificado nas obras de seus servos (cf. Mt 5,16) e ser bendito o autor da piedade (cf. Tg 1,17) por meio de muitas ações de graças (cf. 2Cor 9,12). Aos famintos dá-se de comer, os nus são vestidos, os enfermos visitados (cf. Mt 25,35-36) e ninguém busca o próprio interesse, mas o de outrem (cf. 1Cor 10,24), enquanto para aliviar a miséria alheia cada um se contenta com a própria medida; será fácil encontrar quem dê com alegria (cf. 2Cor 9,7) se as ações são moderadas segundo as possibilidades. A graça de Deus, que "realiza tudo em todos"

(1Cor 12,6), torna comum o fruto obtido pelos fiéis, comum também o mérito. Pode, de fato, ser igual o desejo naqueles cujas posses são desiguais e quando um se alegra com a liberalidade do outro, ao qual não pôde igualar-se através dos dons, equipara-se por causa do afeto. Em tal povo, nada existe de desordenado, nada de diferente, porque os membros do corpo inteiro são concordes, na força da mesma caridade. Não sente confusão por sua pobreza aquele que se glorifica com a opulência dos outros. A beleza do conjunto constitui a excelência de cada parte, e se todos agimos movidos pelo Espírito de Deus (Rm 8,14), não é nosso apenas aquilo que nós mesmos fazemos, mas ainda o que nos alegra nas ações dos demais.

5. Aceitemos, pois, caríssimos, essa feliz consistência proveniente da unidade sagrada e entremos no jejum solene com o propósito concorde, oriundo da boa vontade. Não se pede coisa árdua, áspera, nem se prescreve algo além das nossas forças, quer relativamente à mortificação da abstinência, quer à liberalidade da esmola. Cada qual sabe quanto pode, ou não pode. Pondere a própria e limitada medida e inscreva-se com uma taxa justa e razoável, a fim de que o sacrifício da misericórdia não seja oferecido com tristeza, nem contado entre os prejuízos (cf. 2Cor 9,7). Contribua para esta obra pia com o que pode justificar o coração, purificar a consciência, e finalmente aproveitar a quem dá e a quem recebe. Feliz, sem dúvida, e sumamente admirável a alma que, benfazeja por amor, não receia que lhe faltem os recursos nem perde a confiança de que há de continuar a receber para dar daquele de quem recebeu o que já deu. Mas, como poucos são os que possuem tal magnanimidade e, sendo perfeitamente de acordo com a caridade cuidar cada um dos seus, nós, sem preconceitos contra os mais perfeitos, exortamo-vos, em regra geral, a que, segundo a medida de vossas possibilidades, cumprais o mandamento de Deus. Convém uma benevolência alegre (cf. 2Cor 9,7), a qual de tal modo regule a generosidade que fique contente o pobre alimentado e o lar, relativamente ao que lhe é suficiente, não passe por dificuldades. "Aquele que dá a semente ao semeador, dará também pão para comer e vos dará rica sementeira, e aumentará os frutos de vossa justiça" (2Cor 9,10). Jejuemos, pois, quarta e sexta-feiras; sábado, celebremos reunidos as vigílias junto do apóstolo São Pedro, por cujos méritos e orações confiamos que em tudo nosso Deus usará de misericórdia para conosco. Por Nosso Senhor Jesus Cristo, que vive e reina pelos séculos dos séculos. Amém.

76 (LXXXIX)
Quarto sermão sobre o jejum do sétimo mês

1. Um costume que vos é familiar, caríssimos, vem estimular a nossa pregação e o próprio tempo recomenda-nos o cumprimento do dever sacerdotal. Assim não há de parecer oneroso, nem árduo, o que o preceito da lei exige e a devoção da vontade regula. Se, com o auxílio da graça de Deus, as duas coisas colaborarem para um só fim, "a letra" não "mata, mas o Espírito vivifica" (cf. 2Cor 3,6). Ora, "onde há o Espírito" de Deus, "aí há liberdade" (2Cor 3,17), a qual leva à prática da lei, não por temor, mas por amor. A obediência, de fato, suaviza a ordem, e não se serve como escravo por dura necessidade, quando se ama aquilo que é mandado. Por isso, caríssimos, ao vos exortarmos a quaisquer exercícios já instituídos no Antigo Testamento, não vos submetemos ao jugo da observância judaica, nem vos prescrevemos um costume de um povo carnal. A abstinência cristã é mais excelente do que os jejuns daquele povo; e se temos algo em comum, relativamente ao tempo, não coincidem nossos costumes. Tenham eles procissões a pés descalços e façam ostentação, pela tristeza do rosto, de seus vãos jejuns (cf. Mt 6,16). Nós, ao contrário, em nada alteramos a honestidade dos hábitos, nem nos abstemos de obras justas e necessárias; cerceamos por simples parcimônia a liberdade no comer a fim de, no uso dos alimentos, preferirmos o comedimento, sem condenarmos a criatura.

2. Embora cada um de nós seja livre de infligir ao próprio corpo mortificações voluntárias, e com maior moderação ou austeridade deva domar as concupiscências carnais que combatem o espírito (cf. Rm 7,23), todavia é necessário fazerem todos juntos um jejum geral. Será então mais eficaz e mais sagrada a devoção, visto que toda a Igreja teve uma só alma e um só sentimento nas obras de piedade. Seja, pois, o que é público preferido ao particular. Entenda-se que a utilidade predomina onde é vigilante a preocupação de todos. A observância particular, portanto, mantenha-se diligente e cada qual, depois de implorar a proteção divina, tome as armas celestes contra as insídias do espírito maligno (cf. Ef 6,12). Mas o soldado da Igreja, embora possa comportar-se valorosamente nas batalhas pessoais, pelejará com mais segurança e êxito maior se tomar abertamente posição contra o inimigo nas fileiras do exército. Lá entrará na luta não apenas com suas forças, mas empreenderá a guerra universal, alistado nos batalhões fraternos, sob o comando do Rei invicto. É menor o perigo se muitos juntos lutam contra o inimigo do que se fosse um sozinho; não se expõe facilmente aos ferimentos aquele que, munido do escudo da fé (cf. Ef 6,16), não só defende a própria fortaleza, senão também a dos outros, e desta maneira, onde uma é a causa de todos, uma só também seja a vitória.

3. Visto que nosso adversário nunca desiste de nos armar emboscadas, empregando diversos artifícios para tentar, e a intenção de suas falácias é afastar dos mandamentos de Deus os redimidos pelo sangue de Cristo, com grande diligência temos de nos precaver a fim de não sermos feridos por dardo algum do inimigo. Seus dardos, em vez de ásperos aos sentidos corporais, muitíssimo lisonjeiam a carne, visando prejudicar a alma. Atraem os olhos a vários incentivos, de tal modo que, pela beleza do mundo, inflama-se o ardor da concupiscência ou se engendram os erros da superstição. Sons insidiosos atingem também o ouvido por ritmos suaves, para abalar a firmeza da alma mediante melodias voluptuosas e os corações pouco sóbrios e incautos deixarem-se prender, por costume, a doçuras mortais. Mas os socorros da graça divina e os preceitos da doutrina evangélica tornam ineficazes e nulos estes dolos do diabo. Porque aqueles que receberam o Espírito Santo e nos quais o temor de Deus não provém do medo da pena, mas da caridade de Deus, conculcam as armadilhas falazes com fé ilesa. Empregam a beleza das criaturas para glória e louvor de seu autor, e amam acima de todas as coisas aquele por quem todas as coisas foram feitas (cf. Jo 1,3).

4. O afeto dos fiéis, caríssimos, tenda para a admiração deste Criador. A abstinência prudente não procure nela gozos corruptíveis, mas eternos, e inflame-se a castidade imaculada de amor por este Bem, sem o qual nada é bom (cf. Mc 10,18). Foi-nos transmitida a prática dos exercícios cristãos com o fito de que, cortada qualquer volúpia ilícita, abrasemo-nos do desejo de delícias santas e espirituais. Embora sempre convenha cultivar as virtudes, certos dias, no entanto, foram consagrados de modo particular à mortificação prescrita pela observância comum, para que a alma, ainda implicada em desejos terrenos e impedida por cuidados seculares, ao menos por intervalos respira numa atmosfera divina. E, visto que ela constitui uma porção do campo do Senhor, produza dignos frutos para os celeiros celestes. Pois há esperança de colher onde houver existido diligência em semear.

5. Tratadas brevemente estas coisas, caríssimos, nesta ocasião, para vosso progresso, prescrevemo-vos o jejum do sétimo mês, a respeito do qual vos recomendamos não apenas abstinência na comida, mas também obras de piedade; deveis entregar o que economizais de vossos gastos por parcimônia religiosa, destinando-o ao sustento dos pobres e à alimentação dos doentes. Certamente devemos interessar-nos por todos os indigentes com geral benevolência, mas de modo especial lembrar-nos daqueles que são membros do corpo de Cristo e se nos associam na unidade da fé católica. Pois mais devemos aos nossos por causa do consórcio da graça do que aos outros pela natureza que nos é comum.

6. Seja abundante, portanto, em nós, caríssimos, a benignidade cristã, e assim como desejais que as estações do ano tragam copiosos frutos, também os vossos corações sejam generosos em alimentar os pobres. A eles, sem dúvida, podia Deus, de quem são todas as coisas, dar o necessário sustento e conceder-lhes tais recursos que não tivessem necessidade alguma de vossas esmolas. Mas tanto eles como vós careceríeis de matéria para muita virtude se a penúria não os exercitasse em vista da coroa da paciência, nem vossa riqueza vos convidasse à glória da misericórdia. A Providência divina admiravelmente dispôs que houvesse na Igreja santos pobres e ricos bons, que mutuamente se ajudassem em razão da própria diversidade, enquanto, para merecerem os prêmios eternos e incorruptíveis, dão graças a Deus os que recebem e também graças a Deus os que distribuem. Porque como está escrito: "a paciência do pobre não ficará em eterno esquecimento (cf. Sl 9,19), e Deus ama o que dá com alegria" (2Cor 9,7).

Jejuemos, pois, quarta e sexta-feiras; sábado celebremos as vigílias junto do apóstolo São Pedro, confiando de tal modo sermos ajudados por suas orações que, aplacado pelo sacrifício de nosso jejum, nos escute o Deus misericordioso. Por Jesus Cristo nosso Senhor que vive e reina pelos séculos dos séculos. Amém.

77 (XC)
Quinto sermão sobre o jejum
do sétimo mês

1. Pregamos, caríssimos, um jejum sagrado neste sétimo mês, para exercício da devoção de todos, estimulando-vos confiadamente com exortações paternas a que vossa observância transforme em uso cristão o que anteriormente era judaico. Pois é adequado a qualquer tempo e conveniente sob os dois Testamentos que se implore através da mortificação espiritual e corporal a misericórdia divina. Nada é tão eficaz para impetrar de Deus alguma coisa do que julgar o homem a si mesmo e nunca desistir de pedir perdão por saber que nunca está livre de culpa. A natureza humana, em geral, tem em si este defeito, não introduzido pelo Criador, mas contraído pelo prevaricador e transmitido aos pósteros pela lei da geração: que de um corpo corruptível possa originar-se algo que também corrompa a alma. Daí vem que o homem interior (cf. Rm 7,22), embora já regenerado em

Cristo e libertado dos vínculos do cativeiro, tenha com a carne assíduos conflitos e, enquanto lhe coíbe a concupiscência, sofre seus contra-ataques. Nesta discórdia não se obtém facilmente vitória tão perfeita que não nos apertem os laços que devemos romper, nem nos fira aquilo que devemos matar. Por mais que o espírito, como juiz, empregue sabedoria e prudência para dominar os sentidos exteriores, em meio das preocupações e medidas para governar a carne e sustentá-la, sempre lhe estará bem próxima a tentação. Quem, de fato, consegue se distanciar do prazer do corpo ou da dor de tal modo que não atinja a própria mente aquilo que exteriormente afaga ou atormenta? Indivisa é a alegria; não se parte a tristeza. Nada existe no homem que a ira não inflame, que a alegria não distenda, que a doença não afete. E como poderá escapar do pecado, quando uma só é a paixão que se apossa da parte que governa e da que é sujeita? Com razão, o Senhor protesta que o "espírito está pronto, mas a carne é fraca" (Mt 26,41).

2. Mas o Senhor promete que as coisas impossíveis ao homem por sua própria fraqueza tornam-se possíveis pela virtude divina, para que o desespero não nos leve a uma preguiça inerte. "Estreito e apertado é o caminho da vida" (Mt 7,14) e ninguém empreenderia ingressar por ele, ninguém avançaria um passo se Cristo não tivesse aberto o difícil acesso, fazendo-se Ele mesmo o caminho (cf. Jo 14,6). Assim, o autor da via torna-se possibilidade para o transeunte, porque identifica-se o introdutor ao trabalho e o condutor ao repouso. A esperança da vida eterna encontra-se para nós naquele mesmo que é o modelo de paciência. Se padecermos com Ele, também com Ele reinaremos (cf. 2Tm 2,12; Rm 8,17), pois, como diz o apóstolo, "aquele que afirma permanecer em Cristo deve também viver como Ele viveu" (1Jo 2,6). De outra forma apresentamos um aspecto falso relativamente a nossa profissão, se não seguimos as instituições daquele de cujo nome nos gloriamos. Elas não seriam onerosas para nós (cf. Mt 11,30) e nos

libertariam de todos os perigos, se apenas amásse-
mos aquilo que nos é ordenado amar.

3. São, na verdade, dois os amores dos
quais derivam todas as vontades, os quais se di-
versificam em qualidade como distintos são os
seus autores. A alma racional que não vive sem
amor, ou ama a Deus ou ao mundo. No amor de
Deus nada pode ser excessivo; no amor do mundo, porém, tudo é prejudicial. Por isso, devemos
aderir inseparavelmente aos bens eternos, e usar
dos temporais só de passagem. Como peregrinos
apressados em voltar à pátria, toda prosperidade
do mundo que encontrarmos seja viático para a
caminhada, e não atrativo para estabelecermos
morada. É por esta razão que o santo apóstolo
nos anuncia: "O tempo é breve. O que importa
é que os que têm mulher sejam como se a não tivessem; os que choram, como se não chorassem;
os que se alegram, como se não se alegrassem; os
que compram, como se não possuíssem; os que

usam deste mundo, como se dele não usassem. Porque a figura deste mundo passa" (1Cor 7,29-31). Mas não nos apartamos facilmente do que afaga pela beleza, a abundância, a variedade, a não ser que na beleza das coisas visíveis amemos mais o Criador do que a criatura, porque Ele diz: "Amarás o Senhor, teu Deus, de todo o teu coração, de toda a tua alma e de todas as tuas forças" (Dt 6,5), não quer que relaxemos os vínculos de seu amor por coisa alguma. E unindo a este preceito também a caridade ao próximo, ordena que imitemos a sua bondade, amando o que Ele ama e fazendo o que Ele faz. Embora sejamos o campo de Deus, o edifício de Deus, e "nem o que planta é alguma coisa, nem o que rega, mas só Deus que faz crescer" (1Cor 3,7), em tudo, porém, exige a servidão de nosso ministério e quer que sejamos dispensadores de seus dons, de modo que aquele que traz em si a imagem de Deus faça a vontade de Deus. Por este motivo proferimos esta petição sagrada na oração dominical: "Venha a nós o vosso reino, seja feita a vossa vontade assim na terra como no céu" (Mt 6,10). O que pedimos por estas palavras senão que Deus sujeite a si quem ainda não se submeteu e torne os homens na terra ministros de sua vontade, como o são os anjos no céu? Ao suplicar tal coisa, amamos a Deus, amamos também o próximo; e não temos diferentes espécies de caridade, mas uma só, ao desejarmos que o escravo sirva e o Senhor ordene.

4. Este afeto, caríssimos, que exclui o amor terreno, fortifica-se pelo hábito das boas obras, porque é forçoso que a consciência se deleite com as ações retas e de boa vontade faça o que a deixará contente de ter feito. Assuma-se, portanto, o jejum, multiplique-se a liberalidade, guarde-se a justiça, frequente-se a oração e o desejo de cada um torne-se o voto de todos. O labor nutre a paciência, a mansidão extingue a ira, a benevolência calca a inveja, as santas aspirações matam os desejos imundos, a liberalidade repele a avareza e o peso das riquezas torna-se instrumento de virtudes. Mas, como as insídias do diabo não cessam apesar destes esforços, com razão, em determinadas épocas foi instituída a restauração de nossas forças. Quando o espírito ávido dos bens presentes pode se gabar devido à clemência do céu e da fertilidade dos campos, e dizer a sua alma por causa dos frutos recolhidos em amplos celeiros: "Tens muitos bens, regala-te" (cf. Lc 12,19) atenda a certa repreensão da voz divina e ouça: "Insensato! Nesta noite ainda exigirão de ti a tua alma. E as coisas que ajuntaste, de quem serão?" (Lc 12,20). Tal deve ser a solícita meditação do sábio: Como são breves os dias desta vida (cf. 1Cor 7,29) e incerta a sua duração, nunca surpreenda àquele que há de morrer uma morte imprevista, nem sobrevenha um fim sem preparação a quem sabe que é mortal. Visando, portanto, a santificação do corpo e a restauração da alma, jejuemos quarta e sexta-feiras; sábado, porém, celebremos as vigílias junto do apóstolo São Pedro, a fim de sermos auxiliados por suas orações e conseguirmos o efeito dos nossos santos desejos. Por Cristo nosso Senhor, que com o Pai e o Espírito Santo vive e reina nos séculos dos séculos. Amém.

78 (XCI)
Sexto sermão sobre o jejum do sétimo mês

1. A Providência divina, caríssimos, nunca deixa de vir em auxílio à devoção dos fiéis. Em verdade, os próprios elementos do mundo prestam serviço ao se tratar da santidade do espírito e do corpo, pois enquanto distintamente a variada revolução dos dias e dos meses abre-nos certas páginas dos mandamentos, os tempos de algum modo nos exprimem aquilo a que nos exortam as instituições sagradas. Daí, com o retorno anual do sétimo mês, não ignoro que sois estimulados espiritualmente a celebrar o jejum solene, porque aprendestes por experiência quanto esta preparação purifica o exterior e o interior do homem, e assim à medida que alguém se abstém das coisas lícitas, mais facilmente resiste às ilícitas. A disciplina da abstinência, caríssimos, não consiste apenas na mortificação do corpo, nem se acha somente na diminuição dos alimentos. Os bens maiores provenientes desta virtude são relativos àquela castidade da alma que não só esmaga as concupiscências carnais, mas ainda despreza as vaidades da sabedoria mundana, conforme declara o apóstolo: "Não vos deixeis iludir pela filosofia e seus sofismas vãos, que se inspiram nas tradições dos homens" (Cl 2,8).

2. Convém, portanto, abster-se dos alimentos, mas principalmente jejuar dos erros. O espírito que não se entrega aos prazeres carnais não se torne cativo da mentira. Como no passado, também em nossos dias não faltam os inimigos da verdade que ousam fazer guerra civil dentro da Igreja, de modo que, induzindo os ignorantes a darem o consenso a dogmas ímpios, gloriam-se de ver aumentado o número daqueles que eles conseguem separar do corpo de Cristo. Que há de mais adverso aos profetas, mais contraditório aos evangelhos, finalmente tão rebelde aos ensinamentos dos apóstolos do que pregar haver em Nosso Senhor Jesus Cristo, nascido da Virgem Maria, e fora do tempo coeterno ao Pai eterno, uma só e única natureza? Se a entendermos da natureza humana, onde fica a divindade que salva? Se a de Deus somente, onde fica a humanidade que é salva? A fé católica, porém, que resiste a todos os erros e igualmente refuta todas as impiedades, condenando a Nestório que separa o que é divino do homem, detesta Êutiques que absorve o humano no divino. O Deus verdadeiro, Filho do Deus verdadeiro, tendo unidade e igualdade com o Pai e o Espírito Santo, dignou-se fazer-se verdadeiro homem. Não se separou da carne, nem na concepção no seio da Virgem Mãe, nem no parto. Uniu a si a humanidade de tal modo que permaneceu imutavelmente Deus.

De tal maneira concedeu ao homem a divindade que a glorificação não a consumisse, mas elevasse. Quem se colocou na condição de servo, não deixou de existir na condição de Deus (cf. Fl 2,6-7). Uma não está ao lado da outra, mas Ele é um só em ambas. Desde que o "Verbo se fez carne" (Jo 1,14), nossa fé não se perturbe por variedade alguma da dispensação, mas seja nos milagres de seu poder, seja nas injúrias da paixão, acreditemos ser Deus aquele que é homem e ser homem aquele que é Deus.

3. Proferindo, caríssimos, tal profissão de todo o coração, rejeitai as ímpias invenções dos hereges, para que vossos jejuns e esmolas não se manchem pelo contágio de erro algum; então, também pura será a oblação do sacrifício, e a santa liberalidade da misericórdia, quando os que as fazem entendem o que realizam. Conforme assegura o Senhor: "Se não comerdes a carne do Filho do homem, e não beberdes o seu sangue, não tereis a vida em vós mesmos" (Jo 6,53), deveis comungar da mesa sagrada, sem absolutamente duvidar da verdade do corpo e do sangue do Cristo. A boca consome aquilo que a fé acredita. E em vão respondem Amém os que disputam contra aquilo que é recebido. Se o profeta afirma: "Feliz quem se lembra do necessitado e do pobre" (Sl 40,2), será louvável distribuidor de comida e roupa aos pobres quem souber que nos indigentes veste e alimenta a Cristo, porque Ele próprio disse: "Todas as vezes que fizestes isto a um desses meus irmãos, foi a mim mesmo que o fizestes" (Mt 25,40). Verdadeiro Deus, portanto, verdadeiro homem, um só é o Cristo, rico no que é seu, pobre no que é nosso (cf. 2Cor 8,9) recebendo dons e distribuindo dons (cf. Ef 4,8), partícipe dos mortais e vivificação dos mortos (cf. Rm 4,17), "para que ao nome de Jesus se dobre todo o joelho no céu, na terra e nos infernos. E toda a língua confesse que o Senhor Jesus Cristo está na glória de Deus Pai" (Fl 2,10-11), Ele, que vive e reina com o Espírito Santo nos séculos dos séculos. Amém.

79 (XCII)
Sétimo sermão sobre o jejum do sétimo mês

1. Os apóstolos, caríssimos, levando em conta que o Senhor Jesus Cristo não veio a este mundo para abolir a lei, mas para cumpri-la (cf. Mt 5,17), instituíram tal distinção entre as determinações do Antigo Testamento, que escolheram entre elas algumas, conforme haviam sido estabelecidas, enquanto úteis à instrução evangélica, e assim costumes anteriormente judaicos se tornariam observância cristã. Embora a variedade de vítimas, as diferenças de batismos, o repouso sabático hajam cessado juntamente com a circuncisão da carne, restam-nos, contudo, muitos preceitos morais tirados das próprias Escrituras. Como nelas está dito: "Amarás o Senhor, teu Deus, de todo o teu coração" (Dt 6,5; Mt 22,37) e "amarás o teu próximo como a ti mesmo" (Lv 19,18; Mt 22,39), sabemos por ensinamento de Cristo Senhor que "nesses dois mandamentos se resumem toda a lei e os profetas" (Mt 22,40).

Tão grande é a coesão dos dois Testamentos sob o mandamento da dupla caridade que sem esta conexão das virtudes nem a lei teria justificado a alguém, nem a graça. Há também partes dos mandamentos legais que ao preceituar fazer algumas coisas e proibir praticar outras, conservam a firmeza proveniente da antiga autoridade. Não se pense que a perfeição evangélica lhe seja contrária, porque os esforços no exercício das virtudes estimulam a fazer espontaneamente mais, e o castigo devido aos crimes são perdoados pelos remédios da penitência. Diz, de fato, o Senhor: "Se a vossa justiça não for maior que a dos escribas e dos fariseus, não entrareis no Reino dos Céus" (Mt 5,20). Como será maior, se a misericórdia não prevalecer? (Tg 2,13). E que há de mais equitativo e digno para a criatura feita à imagem e à semelhança de Deus do que imitar seu Criador? Ele determinou a restauração e a santificação dos fiéis através da remissão dos pecados, de modo que, apartada a severidade do castigo e abolido qualquer suplício, o réu volte à inocência e o termo dos crimes se torne origem das virtudes.

2. Uma vez que adotamos, caríssimos, da pregação da doutrina antiga o jejum do sétimo mês, para purificação das almas e dos corpos, não nos sujeitamos ao fardo da lei, mas abraçamos as vantagens da abstinência, a serviço do evangelho de Cristo. Aqui também a justiça cristã pode ser maior do que a dos escribas e dos fariseus, não abolindo a lei, mas refutando a compreensão carnal dela. Efetivamente, os nossos jejuns não devem se assemelhar àqueles a respeito dos quais o Profeta Isaías, pelo Espírito Santo, que nele falava, assim se expressava: "As luas novas, os sábados, as reuniões de culto não posso suportar... Eu abomino vosso jejum, as vossas festas" (Is 1,13-14). Por isso, o Senhor, transmitindo aos discípulos a maneira de jejuar, disse: "Quando jejuardes, não tomeis um ar triste como os hipócritas, que mostram um semblante abatido para manifestar aos homens que jejuam. Em verdade eu vos digo: já receberam sua recompensa" (Mt 6,16). Que recompensa, senão o louvor humano? Por avidez deste, muitas vezes toma-se a aparência de justiça e ama-se um falso renome, enquanto não existe preocupação alguma de consciência. A iniquidade, que se acusa ao querer se ocultar, regozija-se com uma reputação enganosa.

3. Este jejum razoável e santo, pois, não seja manchado pela jactância, em louvores e ostentação, nem queiram os fiéis que o seu bem dependa dos juízos humanos. Basta a quem ama a Deus agradar ao amado. Não há recompensa mais desejável do que o próprio amor. Tal é, de fato, a caridade que provém de Deus, que Deus mesmo é caridade (cf. 1Jo 4,7-8). O ânimo piedoso e casto alegra-se de estar dele repleto e não almeja alegrar-se em coisa alguma fora dele. É bem verdade a palavra do Senhor: "Onde está o teu tesouro, lá também está teu coração" (Mt 6,21). Qual o tesouro do homem a não ser, de algum modo, o total de seus produtos e o conjunto de seus trabalhos? "O que o homem semeia, isso mesmo colherá" (Gl 6,7). O lucro corresponde ao trabalho. Onde alguém encontra prazer e fruição, lá fica presa a preocupação de seu coração. Mas, como existem muitas espécies de riquezas e diferenciadas são as causas de alegria, o tesouro de cada um consiste na afeição inspiradora de seu desejo, o qual, se for o apetite de bens terrenos, não torna felizes, e sim miseráveis os que dele compartilham. Aqueles, porém, que têm gosto pelas coisas do alto e não pelas da terra (cf. Cl 3,2), que não tendem para os bens perecíveis, mas para os eternos, possuem riquezas incorruptíveis depositadas naquele do qual afirma o profeta: "Os teus tesouros garantem a salvação. A sabedoria, a disciplina e a piedade vêm do Senhor; são estes os tesouros da justiça" (Is 33,6, segundo os LXX). Estes, com o auxílio da graça de Deus, transformam os bens terrenos em celestes. Muitos empregam como instrumentos de compaixão as riquezas legitimamente herdadas, ou adquiridas de outra maneira. Ao distribuírem para sustento dos pobres o possível supérfluo, ajuntam riquezas inadmissíveis, e aquilo que destinaram a esmolas não está de modo algum sujeito a prejuízo. É justo que tenham o coração onde está o seu tesouro (cf. Mt 6,21), porque a maior felicidade é empregar assim essas riquezas para que aumentem, sem receio de perdas.

4. "Façamos", pois, caríssimos, "o bem a todos os homens, mas particularmente aos irmãos na fé" (Gl 6,10) e escolhendo para os frutos de nossa abstinência o sétimo mês, de sentido místico desde o início, por causa do Espírito septiforme, e consagrado pelo próprio número, jejuemos quarta e sexta-feiras; sábado, porém, celebremos as vigílias junto de São Pedro, cujas orações e méritos haverão de nos sufragar, a fim de que na mesma medida em que é concedido a cada um dos fiéis querer o bem, seja-lhes facultado praticá-lo (cf. F1 2,13), com o auxílio daquele que vive e reina, com o Pai e o Espírito Santo, nos séculos dos séculos. Amém.

80 (XCIII)
Oitavo sermão sobre o jejum do sétimo mês

1. O ensinamento dos preceitos divinos, caríssimos, efetua no coração dos fiéis especialmente o seguinte: faz com que o amor pervertido seja superado pelo amor genuíno, e o deleite da justiça destrua a vontade de pecar, conforme a palavra da Escritura: "Não te deixes levar para tuas más inclinações e refreia os teus apetites" (Eclo 18,30). Se existem na alma humana tantas inclinações boas e apetites louváveis, qual a razão de nos ser ordenado não consentirmos em nossos afetos, senão por nos ser proibida a inclinação e interdito o apetite, originários de nós mesmos, e que são denominados maus, porque comprovados como nossos? Para se distinguirem, portanto, dos desejos que vêm de Deus, com justeza se disse ao homem: "Não te deixes levar por tuas más inclinações", e assim saberá ele que deve evitar as reconhecidas como suas próprias. Com razão, portanto, o Senhor, na oração que ensinou, não quis que disséssemos a Deus: Seja feita a nossa vontade, mas: "Seja feita a vossa vontade" (Mt 6,10); isto é, não aquela a que a carne instila, mas a que o Espírito Santo inspira. De onde, porém, se origina este desejo, que sempre há de ser combatido, entendem-no sem dificuldade aqueles que estão cientes de serem filhos de Adão, e não duvidam de que, pelo pecado do pai do gênero humano, fez-se viciado nos ramos o que foi corrompido na raiz. Embora, pela graça de Nosso Senhor Jesus Cristo, tenhamos passado da velha à nova criatura (cf. 2Cor 5,7; Ef 4,22; Cl 3,9), e o homem celeste nos haja despojado da imagem do terreno (cf. 1Cor 15,49), enquanto trazemos o corpo mortal, forçoso é lutarmos contra os desejos da carne (cf. Gl 5,16). É bom, realmente, que a alma submissa a Deus (cf. Rm 3,19) receie cair (cf. 1Cor 10,12) e tenha o que vencer, "porque é na fraqueza que se revela totalmente a força" (2Cor 12,9) e o que nos exercita pela temperança nos conduz à glória.

2. Abstenhamo-nos, portanto, caríssimos, do que nos afaga de maneira nociva e a lei de Deus supere a lei do pecado que habita em nossos membros (Rm 7,23). Apesar de nos insidiarem muitas seduções, através de todos os sentidos corporais, a alma, cujo bem sumo e verdadeiro gáudio é Deus, no meio das castas delícias espirituais, viva na amplidão da sabedoria e à luz da verdade. Se, pois, o homem racional põe-se diante de si mesmo, e julga a qualidade de todos os seus atos por um exame sincero, encontrará acaso, no íntimo da consciência, idêntico prazer pelo mal cometido que pela conservação da justiça? Ou tanta alegria lhe trará a volúpia carnal quanto o apetite espiritual? Nada absolutamente dos bens das virtudes atingirá, nada provará da doçura da piedade, quem preferir manchar-se com imundícies do que brilhar por coisas santas. Não deixa a razão que os corações ainda não inteiramente cativos se comprazam tanto em saciar a ira quanto em renunciar à vingança; ou que produza tanto contentamento o alheio mal adquirido quanto o próprio dispendido bem. É sempre mais feliz a temperança parcimoniosa do que o luxo pródigo; de maior repouso fruem os humildes do que os soberbos e mais sublime é o espírito, que entre coisas proibidas e permitidas, considere mais seguro esperar as celestes do que amar as terrenas. Mas o corpo, que precisa estar sujeito, seja mortificado com o jejum a fim de que a alma religiosa prevaleça neste progresso e obtenha o direito de predomínio que lhe cabe. Embora o nome comum de jejum pareça aplicar-se a qualquer espécie de continência, propriamente refere-se às restrições na comida. É proveitoso agora abster-se voluntariamente do que no princípio foi prejudicial ter utilizado contra a proibição[19]. Como então a concupiscência causou ferimento, agora a abstinência transmita saúde.

3. Embora qualquer tempo seja propício, caríssimos, para tal medicina, o presente é o mais apto, escolhido pelas instituições dos apóstolos e da lei. Assim como nos outros dias do ano, também no sétimo mês purifiquemo-nos por abluções espirituais. Se unimos três empenhos num só propósito, a saber, a oração, a esmola e o jejum, Deus misericordioso nos concederá o domínio da cupidez, a impetração em nossas preces e a remissão dos pecados. Por Nosso Senhor Jesus Cristo, que vive e reina com o Pai e o Espírito Santo pelos séculos dos séculos. Amém.

---

19. Alusão ao pecado original, Gn 3.

81 (XCIV)
Nono sermão sobre o jejum
do sétimo mês

1. Estou bastante ciente, caríssimos, de que muitos de vós são tão zelosos pelas observâncias cristãs que não precisam ser estimulados por nossas exortações. As pessoas instruídas não ignoram, nem as piedosas omitem, o que há muito a tradição estabeleceu e o costume corroborou. Mas, como é dever do sacerdote ter solicitude geral por todos os filhos da Igreja, igualmente aconselhamos o que é útil a doutos e indoutos, porque de idêntica maneira são amados. Celebremos com fé viva, através da mortificação da alma e do corpo, o jejum marcado pelo retorno do sétimo mês. Embora a restrição no alimento pareça afetar propriamente à carne, nada contudo se concede ou se nega aos sentidos corporais que não se refira de igual modo ao servidor e ao que ordena. O homem possui em si dupla lei de domínio próprio, mas se nenhuma de nossas ações são atinentes só ao corpo, muitas são relativas apenas à alma; prudentemente, pois, devemos notar como seria inconveniente e injusto descuidar-se o inferior daquilo que o superior determina. No intuito de que a mente racional de modo salutar mortifique o exterior, pratique também ela os próprios jejuns, porque não só lhe convém repelir os desejos da carne, mas ainda as concupiscências do espírito, conforme diz a Escritura: "Não te deixes levar por tuas más inclinações" (Eclo 18,30). Aquele que jejua jejue daquelas coisas que à carne apetece e daquelas que perversamente a parte interior ambiciona. Para a alma constitui péssimo alimento querer o ilícito; é prejudicial o deleite do coração que se alimenta de lucro torpe, ou se exalta por soberba, ou se alegra com a vingança. Embora os movimentos do corpo também concorram para esses sentimentos, no entanto todas as coisas se voltam para sua origem, e para aquilatar uma ação é preciso ir aonde se encontram os primeiros impulsos da vontade. Afastá-la dos maus desejos é o melhor e maior jejum porque a abstinência no comer é frutuosa quando a frugalidade exterior procede da temperança interior.

2. Estando, pois, caríssimos, para celebrar o jejum verdadeiro e espiritual, que santifique corpo e alma por sua purificação, examinemos o recôndito de nosso coração, e por meio de um exame justo discernamos com que se contrista, com que se alegra. E se houver algum amor da vanglória, qualquer raiz de avareza (cf. 1Tm 6,10), qualquer vírus de inveja, a alma não absorva nenhum destes alimentos, mas atenta às delícias das virtudes, prefira os manjares celestes ao prazer terreno. Reconheça o homem a dignidade de sua natureza e compreenda ter sido feito à imagem e semelhança de seu Criador (cf. Gn 1,26). Não se assuste por causa das misérias nas quais caiu em consequência do pecado máximo e comum, de tal modo que não recorra à misericórdia de seu Salvador. Ele diz: "Sede santos, porque eu sou santo" (Lv 19,2); isto é, optai por mim e abstende-vos daquilo que me desagrada. Fazei o que eu amo, amai o que faço. E se parecer difícil o que ordeno, recorrei ao que dá a ordem para que parta o auxílio donde provém o preceito. Não negarei ajuda àquele a quem concedi esta vontade. Jejuai das coisas adversas, abstende-vos das contrárias. Seja eu o vosso alimento, vossa bebida. Ninguém deseja em vão o que é meu, porque se alguém tende para mim, é pela participação no que é meu que me procura.

3. Destas exortações, caríssimos, com as quais Ele vos convida aos bens imutáveis e às alegrias eternas, estão repletas todas as páginas das divinas escrituras. A doutrina de ambos os Testamentos visa aderirmos às coisas verdadeiras e abstermo-nos das vãs. Não se pode alcançar o objeto das promessas se não forem observados os mandamentos. Que há de mais justo do que fazer o homem a vontade daquele cuja imagem traz em si, e por abstenção de alimento jejuar da lei do pecado? (cf. Rm 7,25). Por isso, a própria observância da abstinência foi assinalada às quatro estações, de modo que o próprio ciclo anual dê a conhecer que precisamos incansavelmente de purificação, e sempre temos de nos esforçar, enquanto nos sacodem as vicissitudes da vida, por apagar, mediante o jejum e a esmola, o pecado contraído por fragilidade da carne e impureza dos desejos.

4. Suportemos, caríssimos, por um pouco a fome e tiremos daquilo a que estamos habituados uma pequena porção que sirva para socorrer os pobres. A consciência dos bons se deleite com os frutos de sua liberalidade. Causando alegria, receberás com que te rejubilar. O amor do próximo é amor de Deus, o qual estabeleceu a plenitude da lei e dos profetas na unidade desta dupla caridade (cf. Mt 22,40). Ninguém duvide estar oferecendo a Deus o que conferir a um homem, pois nosso Senhor e Salvador disse, ao se tratar de alimentar e ajudar os pobres: "Todas as vezes que fizestes isso a um destes, foi a mim mesmo que o fizestes" (Mt 25,40). Jejuemos, portanto, quarta e sexta; sábado, porém, celebremos as vigílias junto ao apóstolo São Pedro, por cujos méritos e orações acreditamos obter auxílio, a fim de agradarmos ao Deus misericordioso pela oferta de nosso jejum, por Nosso Senhor Jesus Cristo, que com o Pai e o Espírito Santo vive e reina, Deus, pelos séculos dos séculos. Amém.

82 (XII)
Primeiro sermão sobre o jejum
do décimo mês

1. Se com fé e sabedoria, caríssimos, procurarmos os primórdios de nossa criação, encontraremos ter sido feito o homem à imagem de Deus (cf. Gn 1,27), para se tornar imitador de seu autor, e que a natural dignidade de nosso gênero consiste em que em nós, como num

espelho, resplandeça a semelhança da bondade divina. Para tal refaz-nos cotidianamente a
graça do Salvador, pois aquilo que caiu no primeiro Adão, soergue-se no segundo. A causa,
porém, de nossa restauração outra não é senão
a misericórdia de Deus, ao qual não amaría-
mos se Ele não nos houvesse amado primeiro
(cf. 1Jo 4,19) e não tivesse dissipado as trevas
de nossa ignorância com a luz de sua verdade.
O Senhor, prenunciando tal fato, afirmou por
intermédio do santo Profeta Isaías: "Aos cegos
farei seguir um caminho desconhecido, por ata-
lhos desconhecidos eu os encaminharei, muda-
rei diante deles a escuridão em luz, e as vere-
das pedregosas em estradas planas. Todas essas
maravilhas eu as realizarei, não deixarei de as
executar" (Is 42,16). E ainda: "Mantive-me
à disposição das pessoas que não me consul-
tavam, ofereci-me àqueles que não me procu-
ravam" (Is 65,1). O apóstolo São João ensina
como isto se realizou, ao dizer: "Sabemos que o
Filho de Deus veio e nos deu o entendimento

para conhecermos o Verdadeiro. E estamos no Verdadeiro, nós que estamos em seu Filho" (1Jo 5,20). E ainda: "Amemos, portanto, a Deus, porque Deus nos amou primeiro" (1Jo 4,19). Deus, portanto, amando-nos, restaura-nos à sua imagem. O fato de encontrar em nós a semelhança de sua bondade dá-nos meios de operar o que Ele opera, ascendendo às luzes de nossa mente, e inflamando-nos com o fogo de sua caridade. Assim, amamos não só a Ele mesmo, mas ainda tudo aquilo que Ele ama. Pois, se entre os homens é firme a amizade quando a união se baseia em semelhança de costumes, embora a igualdade das vontades tenda frequentemente a afetos repreensíveis, quanto mais não devemos optar e nos esforçar por não haver discrepância alguma entre nós e as coisas que agradem a Deus. Dele diz o profeta: "A cólera está em sua indignação e a vida em sua vontade" (Sl 29,6), porque não teremos atitude digna da majestade divina, se não imitarmos a sua vontade.

2. Se o Senhor diz: "Amarás o Senhor, teu Deus, de todo o teu coração, de toda a tua alma" e "amarás o teu próximo como a ti mesmo" (Dt 6,5; Lv 19,18), acolha a alma fiel a imarcescível caridade de seu Criador e Senhor, e sujeite-se inteiramente à vontade daquele, em cujas obras e juízos nada é desprovido de verdadeira justiça, nem de clemente comiseração. Embora alguém esteja cansado por grandes trabalhos e muitas incomodidades, será para ele um bom motivo suportá-los, entendendo que é corrigido ou provado pela adversidade. A bondade oriunda desta caridade não poderá ser perfeita se não se amar também o próximo. Sob este nome não se compreendem apenas os que nos são unidos pelos laços da amizade ou do parentesco, mas absolutamente todos os homens, com os quais temos em comum a natureza, sejam inimigos ou aliados, livres ou escravos. Um só autor nos plasmou, um só Criador nos insuflou vida (cf. Gn 2,7). Um mesmo céu para todos, um só ar, dias e noites iguais. Não obstante alguns serem bons, outros maus, uns justos, outros injustos (cf. Mt 5,45), Deus todavia é doador para todos, para todos é benigno, conforme os apóstolos Paulo e Barnabé afirmaram aos licaônios a respeito da Providência divina: "Ele permitiu nos tempos passados que todas as nações seguissem os seus caminhos. Contudo, nunca deixou de dar testemunho de si mesmo, por seus benefícios: dando do céu as chuvas e os tempos férteis, conservando abundante alimento e enchendo os nossos corações de alegria" (At 14,16-17). Proporcionou-nos, porém, motivos maiores de amarmos o próximo a amplidão da graça cristã que, estendendo-se por todas as partes do orbe, não desespera de homem algum, ao ensinar a não se dever menosprezar pessoa alguma. Com razão prescreve amar até os inimigos e orar pelos perseguidores (cf. Mt 5,44), porque enxertando cotidianamente de todas as nações nos sagrados ramos de sua oliveira os galhos da oliveira silvestre (cf. Rm 11,16-24), transforma inimigos em reconciliados, estranhos em filhos adotivos, ímpios em justos, para que "se dobre todo o joelho no céu, na terra e nos infernos. E toda a língua confesse que o Senhor Jesus Cristo está na glória de Deus Pai" (Fl 2,10-11).

3. Se quer Deus que sejamos bons porque Ele é bom (cf. Lc 6,36), não deve nos desagradar nenhum de seus juízos. Que significa não lhe dar graças por tudo senão censurá-lo por alguma coisa? Às vezes, a insipiência humana ousa murmurar contra seu Criador, não só por causa da penúria, mas ainda por causa da abundância; se algo faltar, queixa-se; se sobrar, torna-se ingrata. O dono de uma ampla colheita aborreceu-se por ver os celeiros repletos e gemeu devido à fartura de copiosa vindima. Não agradeceu a quantidade de frutos, mas lastimou a desvalorização (cf. Lc 12,16-21). Se, porém, a terra for menos fértil, em relação às sementes que recebeu, e se o produto das vides e oliveiras fluir de maneira comedida, acusa-se o ano, atacam-se os elementos, e não se poupa nem o ar, nem o céu, ao passo que nada há que mais recomende, mais fortifique os piedosos discípulos da verdade do que o louvor de Deus, infatigável e perseverante, conforme o dito do Apóstolo: "Sede sempre alegres. Orai sem cessar. Em todas as circunstâncias dai graças, porque esta é a vosso respeito a vontade de Deus em Jesus Cristo" (1Ts 5,16-18). Como participaremos desta devoção se a variedade não exercitar a constância do espírito, de sorte que o amor orientado para Deus não se ensoberbeça na felicidade, nem desfaleça na adversidade? Agrade-nos também aquilo que a Deus apraz. Alegremo-nos acerca de qualquer medida de seus dons. Quem usou bem das dádivas maiores, empregue bem igualmente as pequenas. É de nosso interesse tanto a fartura quanto a raridade. Mesmo relativamente aos lucros espirituais não nos pesará a penúria dos frutos, se não se exaurir a fecundidade das almas. No campo do coração germine o que a terra não produziu. Sempre encontra o que dar aquele cuja boa vontade não esmorece. As condições que o ano nos oferece, caríssimos, sirvam-nos para as obras de misericórdia, e as dificuldades dos tempos não constituam impedimento à beneficência cristã. Soube o Senhor encher os vasos que a viúva acolhedora esvaziara numa obra de misericórdia (cf. 2Rs 4,1-7); soube converter a água em vinho (cf. Jo 2,1-11), soube de pouquíssimos pães saciar milhares de pessoas famintas (cf. Mt 14,15-21). Ele que é alimentado nos seus, tendo podido aumentar ao distribuir, pode multiplicar ao consumir.

4. Há, em verdade, três coisas atinentes de modo especial às ações religiosas, a saber, a oração, o jejum e a esmola, cujo exercício é sempre aceitável, mas no tempo consagrado pela tradição, e como tal recebido, devemos praticá-las com maior zelo. Assim também acontece neste décimo mês que nos traz novamente o uso de uma antiga instituição, a fim de exercitarmos com maior diligência aquelas três espécies de obras, às quais me referi. Pela oração, efetivamente procura-se obter de Deus a propiciação, pelo jejum extingue-se a concupiscência da carne, pelas esmolas os pecados são redimidos (cf. Eclo 3,33). Por tudo simultaneamente, a imagem de Deus se renova em nós, se estivermos sempre prontos para o seu louvor, incessantemente solícitos pela nossa purificação e incansavelmente atentos em sustentar o próximo. Esta tríplice observância, caríssimos, abrange os efeitos de todas as virtudes. Alcança-nos a imagem e semelhança de Deus (cf. Gn 1,26), e nos une de modo inseparável ao Espírito Santo, porque nas orações a fé permanece reta, no jejum a vida mantém-se inocente, nas esmolas a alma conserva-se benigna. Jejuemos, portanto, quarta e sexta-feiras; sábado, porém, celebremos as vigílias junto do apóstolo São Pedro, que se digne com suas preces reforçar nossas orações, nossos jejuns, nossas esmolas. Por Nosso Senhor Jesus Cristo, que com o Pai e o Espírito Santo vive e reina nos séculos dos séculos. Amém.

83 (XIII)
Segundo sermão sobre o jejum
do décimo mês

1. Em nossa solicitude pastoral, caríssimos, pregamos aquilo que o tempo do ano e o costume de nossa devoção nos relembram; isto é, que havemos de celebrar o jejum do décimo mês pelo término da colheita de todos os frutos, oferecendo dignamente a Deus, que no-los concedeu, a libação da abstinência. Que haverá de mais eficaz do que o jejum, por cuja observância aproximamo-nos de Deus e resistindo ao diabo, superamos os vícios sedutores? O jejum sempre foi alimento da virtude. Da abstinência, realmente, derivam os pensamentos castos, as vontades razoáveis, as decisões mais salutares. Pelas aflições voluntárias, a carne morre para as concupiscências e o espírito se renova pelas virtudes. Mas, visto que não se adquire a salvação de nossas almas somente pelo jejum, completemo-lo com a misericórdia para com os pobres. Empreguemos na virtude o que subtraímos ao prazer. A abstinência de quem jejua torne-se refeição para o pobre. Apliquemo-nos à defesa das viúvas, ao bem dos órfãos, ao consolo dos que choram, à paz entre os que estão em conflito. Receba-se o peregrino (cf. Mt 25,35), auxilie-se o oprimido, vista-se o nu, cuide-se do doente (cf. Mt 25,36; cf. 1Ts 5,14). Todos aqueles dentre nós que de seus justos labores oferecerem a Deus, autor de todos os bens, o sacrifício desta bondade, mereça receber dele o prêmio do reino celeste. Jejuemos, portanto, quarta e sexta-feiras; sábado, porém, unidos celebremos as vigílias junto do apóstolo São Pedro; pelos sufrágios de seus méritos, possamos impetrar o que pedimos, por Nosso Senhor Jesus Cristo que com o Pai e o Espírito Santo vive e reina nos séculos dos séculos. Amém.

84 (XIV)
Terceiro sermão sobre o jejum do décimo mês

1. No campo do Senhor, caríssimos, onde somos operários, importa que exerçamos com prudência e vigilância a agricultura espiritual, a fim de que, cuidando com perseverante esforço do que há de ser feito no tempo devido, alegremo-nos com a colheita de obras santas. Se for isto descurado por preguiçosa ociosidade e inércia indolente, nossa terra não dará semente boa, mas, infestada de espinhos e abrolhos (cf. Gn 3,18; Jz 8,7.16; Mt 7,16; Hb 6,8), não produzirá o que possa ser recolhido nos celeiros, e sim o que há de arder nas chamas. Se, porém, caríssimos, a graça de Deus do alto orvalhar este campo (cf. Is 45,8) ele será munido da fé (cf. Ef 6,16), lavrado pelos jejuns, semeado pelas esmolas (cf. 2Cor 9,6), fecundado pelas orações e assim, no meio das plantações, que irrigamos, não há de pulular raiz alguma de amargura (cf. Hb 12,15; Dt 29,18), nem brotar ramos de um tronco pernicioso, mas destruído qualquer germe vicioso, consolide-se a alegre messe das virtudes. É verdade que em todos os tempos a piedade nos estimula a tal diligência, mas nos dias destinados a isto de modo muito

especial, despertemos em nós maior ardor e solicitude mais fervorosa. Não aconteça se descure
impiamente, ao ser pregado, o que seria piedoso
fazer, mesmo se não ordenado.

2. Exortemo-vos, pois, a celebrardes unânimes, com o auxílio de Cristo, o jejum do décimo
mês, para o qual, bem o sabemos, vossa caridade está preparada, por um religioso propósito,
convidando a cada um a distinguir-se nas boas
obras, consoante as posses que de Deus recebeu.
Pois também os nossos inimigos, atormentados
por causa de nossa santificação, com maior vee-
mência, enfurecidos, nos atacam e armam ciladas com astúcia mais sutil nestes dias em que
sabem estarmos dispostos a uma observância
mais importante. A uns incutem temor de penúria ocasionada por liberalidade nos donativos;
em outros provocam tristeza diante das dificuldades dos jejuns e impedem o maior número
possível de pessoas de participarem nesta devoção. A firmeza constante de um coração piedoso,

caríssimos, mostre-se vigilante em nós contra essas tentações e os pensamentos de desconfiança sejam repelidos dos espíritos cristãos. Muito pouco é o que basta ao pobre. Nem seu sustento é dispendioso, nem a roupa. Insignificante é aquilo de que tem fome, sem valor aquilo de que tem sede e a sua nudez precisa ser coberta, mas não requer ornato. E, no entanto, nosso Senhor é tão piedoso juiz de nossas obras, tão bondoso ao ponderá-las que retribuirá até um copo de água fria (cf. Mt 10,42). Examina as almas com justiça (cf. Pr 24,12; Sb 1,6) e por isso há de remunerar não só a execução da obra, mas ainda o afeto de quem a realiza.

85 (XV)
Quarto sermão sobre o jejum do décimo mês

1. Cheio de confiança, caríssimos, exortamo-vos às obras de misericórdia, porque conhecemos por experiência a boa vontade com a qual aceitais nossas advertências. Pois, bem o sabeis, e sabeis porque Deus o ensina (cf. Mt 19,17; Pr 7,2), que a observância dos mandamentos divinos vos será proveitosa para alcançardes as alegrias eternas. A fragilidade humana frequentemente se cansa de cumpri-los e desliza em muitos pontos pelo terreno escorregadio de sua fraqueza; por esta razão, o Senhor, pio e misericordioso, concedeu-nos remédios e socorros, através dos quais podemos obter o perdão. Quem escaparia, na verdade, de tantas seduções do mundo, de tantas insídias do diabo, finalmente de tantos perigos provenientes de sua própria instabilidade, se a clemência do Rei eterno não houvesse preferido restaurar-nos a perder-nos? Mesmo os já redimidos, já regenerados, já transformados em filhos da luz (1Ts 5,5), enquanto estão neste mundo, que todo ele "jaz sob o maligno" (1Jo 5,19) enquanto as coisas corruptíveis e temporais afagam as fraquezas da carne, não podem passar os dias presentes sem tentação. Para ninguém é fácil obter vitória tão incruenta, que, embora escape da morte, fique imune de ferimentos, no meio de muitos inimigos e de frequentes combates. Há de ser empregada na cura das lesões infligidas amiúde àqueles que lutam com o inimigo invisível principalmente a eficácia desses três remédios: a persistência na oração, a mortificação do jejum, a liberalidade da esmola. Se forem eles simultâneos, Deus se torna propício, a culpa é apagada e o tentador é esmagado. A alma fiel há de cercar-se sempre destes meios de defesa, mas se preparará com maior intensidade nos dias propriamente marcados para estes deveres de piedade.

2. No número destes últimos encontra-se também o jejum solene deste décimo mês, que não se deve negligenciar por ser derivado de observâncias da lei antiga, como se pertencesse àquelas caídas em desuso, quais seriam as distinções entre os alimentos, as diferenças de abluções, os sacrifícios de aves e rebanhos. Cessaram, uma vez cumprido o que elas significavam, aquelas que figuravam realidades futuras (cf. Hb 10,1). A graça do Novo Testamento porém não excluiu a utilidade dos jejuns e aceitou, em piedosa observância, a abstinência sempre proveitosa à alma e ao corpo. Assim como permanece para o entendimento cristão o preceito: "Adorarás o Senhor teu Deus e só a Ele servirás" (Mt 4,10; Dt 6,13) e: "Amarás o Senhor teu Deus de todo o teu coração" (Mt 22,37; Dt 6,5) e: "Amarás a teu próximo como a ti mesmo" (Mt 22,39; Lv 19,18) e aos demais que se lhe assemelham, também o preceituado nos mesmos livros a respeito da santificação e da cura provenientes dos jejuns não está abolido por interpretação alguma. Em todo o tempo, em todos os dias da vida neste século, os jejuns nos tornam mais fortes contra o pecado, os jejuns vencem as concupiscências, repelem as tentações, dobram a soberba, mitigam a ira e nutrem todas as inclinações da vontade boa até a maturidade da virtude perfeita; se, todavia, associarem a si a benevolência da caridade e exercerem-se com prudência nas obras de misericórdia. Pois o jejum sem a esmola não seria tanto purificação da alma como aflição da carne. Abster-se alguém de alimento enquanto jejua de compaixão, mais se relaciona à avareza do que à abstinência. Nossos jejuns, portanto, caríssimos, deem abundantes frutos de liberalidade e sejam fecundos em dádivas bondosas aos pobres de Cristo. Não se retardem em praticá-los os de fortuna mediana, por ser pouco o que podem tirar de seus recursos. O Senhor conhece as posses de todos e Ele, que inspeciona com justiça (cf. Pr 24,12), sabe em que medida cada qual pode dar. Evidentemente, riquezas desiguais não podem ser dispendidas de maneira semelhante; mas com frequência igualam-se em mérito os que gastam de maneira desigual, porque se as somas de dinheiro são diferentes, a disposição de ânimo pode ser idêntica.

No intuito de que estas coisas, com o auxílio de Deus, possam ser providenciadas com piedosa devoção, jejuemos quarta e sexta-feiras; sábado, porém, celebremos as vigílias junto do apóstolo São Pedro, a fim de que, sustentados por suas orações, mereçamos em tudo a misericórdia de Deus.

86 (XVI)
Quinto sermão sobre o jejum do décimo mês

1. A sublimidade da graça de Deus, caríssimos, na verdade trabalha cotidianamente nos corações dos cristãos, a fim de que todo o nosso desejo se transfira das coisas terrestres às celestes. Mas até mesmo a vida presente é orientada pelo auxílio do Criador e sustentada por sua Providência. O mesmo que dá os bens temporais, promete os eternos. Como devemos dar graças a Deus, na esperança da futura felicidade, à qual corremos pela fé, por sermos elevados à compreensão do que nos obtém tão grande felicidade, assim pelas facilidades que nos advêm dos anos que se sucedem, cabe-nos honrar e louvar a Deus. De tal modo deu fecundidade à terra, e nos rebentos e sementes estabeleceu leis relativas à produção dos frutos, que jamais abandona o que constituiu, mas a administração benigna do Criador é permanente nas criaturas. Tudo, portanto, que as messes, as vinhas e os olivais produziram para o uso dos homens, fluiu da liberalidade da divina bondade, que auxiliou, com clemência, a incerta labuta dos agricultores, por meio das variações dos elementos, de sorte que ventos e chuvas, frio e calor, dias e noites sirvam para nossa utilidade. A razão humana, efetivamente, não bastaria para obter resultado em seus trabalhos, se o Senhor não concedesse crescimento (cf. 1Cor 3,6-7) às habituais plantações e irrigações. Daí consistir a plenitude da piedade e da justiça em ajudarmos também os outros com alguma parte dos bens que o Pai celeste misericordiosamente nos conferiu. Há muitos que não têm porção alguma nos campos, nas vinhas, nos olivais, e cuja penúria deve ser assistida por intermédio da fartura que Deus nos concedeu; eles assim bendirão a Deus conosco por causa da fertilidade da terra, e se alegrarão por ter sido dado aos possuidores haveres que se tornaram comuns também aos pobres e peregrinos. Feliz e digno de multiplicação de todos os frutos e celeiro, de onde se retira o que sacia a fome dos necessitados e fracos, alivia a necessidade do peregrino e satisfaz o desejo do doente. A justiça de Deus permitiu que estes sofressem diversas aflições, a fim de coroar os infelizes por sua paciência e os misericordiosos por sua benevolência.

2. Qualquer ocasião, caríssimos, é oportuna para a realização desta obra, mas principalmente apta e adequada é a presente, na qual nossos Santos Padres divinamente inspirados promulgaram o jejum do décimo mês de sorte que fosse dedicado a Deus por racional abstinência o término da colheita de todos os frutos, e cada qual se lembrasse de usar da abundância de maneira mais temperante para consigo mesmo e mais liberal para com os pobres. Sumamente eficaz torna-se a prece pelos pecados acompanhada de esmolas e jejuns, e sobe mais depressa aos ouvidos divinos a oração sustentada por tais sufrágios. Conforme está escrito: "O homem liberal faz bem à sua alma" (Pr 11,17), e nada pertence mais a uma pessoa do que a dádiva feita ao próximo. Pois a parte das riquezas materiais ministrada aos indigentes transmuta-se em bens eternos. Dessa liberalidade originam-se posses que não escasseiam por uso algum, nem se corrompem por qualquer estrago. "Bem-aventurados, portanto, os misericordiosos, porque alcançarão misericórdia" (Mt 5,7). Aquele mesmo que é forma exemplar do preceito lhes servirá de total recompensa.

3. É indubitável, caríssimos, que por estas obras de misericórdia que nos recomendam cada vez mais a Deus, nosso inimigo, ávido de prejudicar e perito em fazê-lo, é incitado por aguilhão mais veemente de inveja. Aqueles que não podem atacar em perseguição aberta e sangrenta, corrompe-os por meio de falsa profissão do nome cristão, servindo-se para tal fim dos hereges que, desgarrados da fé católica e a eles submissos, fez militar nas suas fileiras sob diversos erros. E como empregou o ministério da serpente para enganar os primeiros homens (cf. Gn 3,1-6), assim armou com o veneno de sua falsidade as línguas desses para seduzir os ânimos retos. Mas, caríssimos, nós nos defrontamos com tais insídias, pastoralmente solícitos, à medida que o Senhor nos presta socorro. No intuito de que nenhum da santa grei pereça, previamente vos admoestamos, denunciando com ânimo paterno, a fim de poderdes evitar os lábios mentirosos e a língua enganadora, dos quais suplica o profeta seja livre a sua alma (cf. Sl 119,2), porque "as palavras dessa gente lavram como a gangrena" (2Tm 2,17). Insinuam-se humildemente, captam com afagos, prendem com a frouxidão, matam às escondidas. Conforme predisse o Salvador, "Eles vêm com vestes de ovelhas, mas por dentro são lobos arrebatadores" (Mt 7,15). Não poderiam enganar as ovelhas genuínas e simples, se não disfarçassem a sua raiva ferina, sob o nome de Cristo. Em todos eles opera aquele que, sendo o inimigo da verdadeira claridade, transfigura-se em anjo de luz (cf. 2Cor 11,14). Por seus artifícios se destaca Basílides, distingue-se Marcião por sua engenhosidade, sob sua direção prossegue Sabélio, com tal mestre precipita-se Fotino, a seu poder obsequia Ario, a seu espírito escraviza-se Eunômio[20]; finalmente toda a coorte de feras desta espécie afastou-se sob tal chefe da unidade da Igreja, por causa desse mestre abandonou a verdade.

4. Mas, enquanto detém multiforme poder em todas as perversidades, edificou para si uma fortaleza na loucura dos maniqueus, e encontrou neles um vastíssimo palácio, onde se gaba com maiores sobressaltos de alegria; lá possui ele não só uma espécie de maldade, mas a mistura

---

20. Os nomes aqui mencionados são de heresiarcas que falsificavam o Dogma da Encarnação.

simultânea e geral de todos os erros e impiedades. De fato, tudo o que há de profano nos pagãos, de cego nos judeus carnais, de ilícito nos segredos das artes mágicas, finalmente de sacrílego e blasfemo em todas as heresias, neles conflui como a uma espécie de sentina, com um montão de todas as imundícies. Daí ser longo demais citar todas as suas impiedades e torpezas; a multidão dos crimes supera a afluência das palavras. Basta indicar algumas dentre elas. Pelo que ouvirdes podeis calcular as que omitimos por pudor. Quanto a suas ações religiosas, porém, tão obscenas quão execráveis, não calaremos o que o Senhor quis patentear através de nosso inquérito, a fim de que não julgue alguém termos crido, a este respeito, em boatos duvidosos e em opiniões incertas. Ordenamos que comparecessem alguns eleitos e eleitas estando sentados junto de mim bispos e presbíteros, e reunidos também cristãos respeitáveis; havendo eles revelado muita coisa sobre a perversidade de sua doutrina e dos usos em suas festas, denunciaram igualmente aquele crime, que coramos de contar, e foi tão cuidadosamente investigado, a fim de que nada se deixasse em ambiguidade tanto para os menos crédulos quanto para os detratores. Estavam presentes, pois, todas as pessoas que perpetraram a infâmia, a saber, uma menina de dez anos no máximo e duas mulheres que a criaram e prepararam para este ato criminoso. Estava também o adolescente corruptor da menina e o bispo deles que ordenara a detestável má ação. Todos eles fizeram uma só e idêntica confissão e patenteou-se a execração que nossos ouvidos castos mal puderam suportar. Para não ofender os ouvidos castos falando mais abertamente, bastam os documentos dos fatos, que plenamente informam não se achar nesta seita pudicícia, honestidade, castidade; nela, a mentira é lei, o diabo religião, o sacrifício torpeza.

5. Cortai, portanto, caríssimos, qualquer amizade com estes homens, em tudo execráveis e pestíferos, que nos trouxeram com mais frequência perturbação proveniente de outras regiões; principalmente vós, mulheres, abstende-vos de conhecimento e conversas com eles, para não acontecer que, enquanto o ouvido incauto se deleita com suas narrações fabulosas, caiais nas ciladas do diabo. Este, ciente de ter seduzido o primeiro homem pela boca da mulher, e haver, pela credulidade feminina, expulsado todos os homens da felicidade do paraíso, com maior segurança sua astúcia arma insídias ainda agora ao vosso sexo, e assim despoja da fé e do pudor quantas consegue, por meio dos ministros de sua falsidade. Admoesto-os com insistência também, caríssimos, se alguém de vós descobrir onde moram, onde ensinam, que pessoas frequentam, em que companhia se divertem, a certificardes fielmente a nossa solicitude. É efetivamente pouco proveitoso a alguém, se por proteção do Espírito de Deus, não foi captado por eles, não se importar ao saber que outros são detidos. Uma só deve ser a vigilância de todos contra os inimigos comuns em prol da salvação comum, para que o ferimento de um membro não gangrene os demais. E os que julgam não deverem denunciar homens desta espécie, não sejam, no juízo de Cristo, réus de terem calado, embora não se contaminem por consentimento.

6. Enchei-vos, portanto, de um piedoso zelo, oriundo de religiosa solicitude, e insurja-se contra os crudelíssimos inimigos das almas, a vigilância de todos os fiéis. Deus misericordioso, pois, entregou-nos uma parte de homens perversos para que, manifestado o perigo, se despertasse diligente precaução. Não basta o que foi feito, mas continue o mesmo inquérito. Com a graça de Deus se conseguirá não só que os retos se mantenham incólumes, mas também que se convertam do erro, muitos enganados pela sedução diabólica. Vossas orações, porém, vossas esmolas e vossos jejuns são oferecidos ao Deus misericordioso de modo mais santo por esta mesma devoção, se também esta obra da fé se acrescentar aos deveres da piedade. Jejuemos, portanto, quarta e sexta-feiras; sábado, porém, celebremos as vigílias na presença do apóstolo São Pedro, o qual, como experimentamos e acreditamos, continua incessantemente de sentinela, enquanto pastor, por causa das ovelhas a si entregues pelo Senhor; ele há de suplicar que a Igreja de Deus, fundada através de suas pregações, fique livre de todo erro. Por Cristo nosso Senhor. Amém.

87 (XVII)
Sexto sermão sobre o jejum do décimo mês

1. A doutrina da lei, caríssimos, apresenta muitas utilidades relativamente às normas do evangelho, porque alguns mandamentos antigos se transferem para a nova observância e a própria devoção da Igreja demonstra que o Senhor Jesus não veio abolir a lei e sim cumpri-la (cf. Mt 5,17). Havendo cessado os símbolos que anunciaram a vinda de nosso Salvador e realizadas as figuras, supressas pela presença da verdade, mantêm-se todavia entre nós aquelas que a piedade estabeleceu, na mesma forma em que foram instituídas. As coisas que eram conveniente aos dois testamentos não sofreram alteração alguma. A este número pertence também o jejum solene do décimo mês, que devemos celebrar agora, conforme é costume anualmente, porque a plenitude da justiça e da piedade acha-se em dar graças à liberalidade divina pelos frutos que a terra produziu para o uso dos homens, segundo as disposições da suprema providência. No fito de demonstrarmos que o fizemos com prontidão de ânimo, devemos assumir não só a abstinência própria do jejum, mas ainda preocupar-nos com as esmolas, a fim de que também da terra de nosso coração germine a justiça (cf. Jr 33,15) e apareça o fruto da caridade, bem como mereçamos a misericórdia de Deus, tendo compaixão de seus pobres (cf. Mt 5,7). Sumamente eficaz é, de fato, a prece dirigida a Deus, sufragada pelas obras de misericórdia, porque aquele que não desvia a atenção do pobre, logo faz com que se inclinem para ele os ouvidos do Senhor, conforme Ele próprio declarou: "Sede misericordiosos como também vosso Pai é misericordioso; perdoai e sereis perdoados" (Lc 6,36-37). Que pode haver de mais benigno do que esta justiça? De mais clemente do que esta retribuição, onde a sentença do futuro juiz é entregue ao poder de quem deve ser julgado? "Dai e vos será dado" (Lc 6,38). Quão rapidamente devem ser eliminadas a preocupação desconfiada e a hesitação avara, de modo que a bondade dê com toda a segurança aquilo que a Verdade prometeu restituir.

2. Sê constante, ó doador cristão! Dá para receberes, semeia a fim de segares, espalha para recolheres. Não te amedrontem gastos, nem suspires por lucro incerto. Os teus haveres aumentam quando bem-doados. Ambiciona o ganho justo da misericórdia e pratica o comércio que acumula rendimentos eternos. Teu benfeitor deseja que sejas munificiente, e se concede para possuíres, manda que dês, ao dizer: "Dai e vos será dado" (Lc 6,38). Deves aceitar, regozijando-te, as condições desta promessa. Embora tenhas apenas o que receberes, não podes cessar de possuir o que deres. Quem, portanto, ama o dinheiro e quer multiplicar seus recursos por acréscimos incomensuráveis, procure antes praticar este tipo de santo empréstimo, enriqueça-se por meio desta arte de emprestar a juros, para não usurpar o necessário aos que labutam, nem acontecer que por lucros dolosos caia nos laços de dívidas insolúveis, mas dê a crédito e ofereça de empréstimo àquele que disse: "Dai e vos será dado [...]. Com a mesma medida com que medirdes, sereis medidos vós também" (Lc 6,38). Infiel, porém, e iníquo até para consigo mesmo é quem não quer ter perpetuamente aquilo que estima dever amar. Por mais que acrescente, por mais que guarde e ajunte, sairá pobre e indigente deste mundo, segundo a palavra do Profeta

Davi: "Em morrendo, nada levará consigo, nem sua fortuna descerá com ele" (Sl 48,18). Se fosse benigno para com sua alma (cf. Pr 11,17), confiaria os próprios bens ao fiel fiador dos pobres e generoso retribuidor dos empréstimos. Mas a avareza injusta e desavergonhada, julgando prestar benefício a si mesmo quando engana os outros, não acredita no Deus verídico em suas promessas, e acredita no homem que trava um pacto com tremor; enquanto considera mais seguras as coisas presentes do que as futuras, com razão incorre frequentemente no risco de ver o desejo de um lucro injusto tornar-se causa de um dano que não será injusto.

3. Daí, seja qual for o resultado, sempre é mau o motivo de quem empresta a juros. Peca, quer diminuindo, quer aumentando o dinheiro. Será mísero ou perdendo o que deu, ou ainda mais infeliz recebendo o que não deu. Importa, portanto, fugir absolutamente da iniquidade deste empréstimo usurário; e evite-se o lucro que carece de qualquer sentimento humano. Multiplicam-se, é verdade, as posses por injustos e tristes acréscimos, mas a riqueza da alma perece, porque a usura do dinheiro é a sepultura da alma[21]. O santo Profeta Davi manifesta o que pensa Deus a respeito de tais homens, ao proferir: "Senhor, quem há de morar em vosso tabernáculo? Quem habitará em vossa montanha santa? (Sl 14,1). É instruído pela resposta da voz divina e vem a saber que está destinado ao eterno repouso aquele que, entre outras piedosas regras de vida, "não empresta dinheiro com usura" (Sl 14,5). Demonstra estar distante do tabernáculo de Deus e ser estranho em seu santo monte quem obtém lucro fraudulento pela usura; enquanto ambiciona enriquecer-se com o prejuízo alheio, é digno da punição de uma indigência eterna.

4. Vós, portanto, caríssimos, que de todo o coração acreditastes nas promessas do Senhor,

---

21. No original: *quoniam fenus pecuniae funus est animae.*

fugindo da imunda lepra da avareza, empregai piedosa e sabiamente os dons de Deus. Alegrando-vos de sua liberalidade, esforçai-vos por terdes quem participe de vossa alegria. Pois a muitos falta aquilo que vos sobeja, e a indigência de alguns é matéria que vos é oferecida para imitardes a bondade divina. Por vosso intermédio, os benefícios divinos atinjam também os outros, e dispensando bem as dádivas temporais adquirireis as eternas. Quarta e sexta-feiras, portanto, jejuemos; sábado, porém, celebremos as vigílias junto do apóstolo São Pedro, cujas orações vos obtenham em tudo a proteção divina, por Cristo nosso Senhor. Amém.

88 (XVIII)
Sétimo sermão sobre o jejum do décimo mês

1. Os socorros divinamente instituídos para santificar-nos de corpo e alma, caríssimos, de tal modo se renovam incessantemente no ciclo dos dias e das estações, que o próprio remédio serve--nos de advertência a respeito de nossas fraquezas. A natureza realmente mutável, e mortal por causa da mancha do pecado, apesar de já redimida e regenerada no sagrado batismo, é propensa ao mal, à medida que é passível. Ela se corromperia pelo desejo carnal se não fosse munida do auxílio espiritual. Como nunca lhe falta ocasião de queda, sempre a assistem meios de se manter de pé, conforme a palavra do Apóstolo: "Deus é fiel; não permitirá que sejais tentados além das vossas forças, mas com as tentações até vos dará os meios de suportá-las e sairdes delas" (1Cor 10,13). Efetivamente, o Senhor protege os combatentes e aquele que é "poderoso na batalha" (cf. Sl 23,8) exorta a seus soldados, dizendo: "Coragem! Eu venci o mundo" (Jo 16,33). No entanto, caríssimos, deveis estar cientes de que este encorajamento aparta o medo, não a luta; embotado o aguilhão do temor, permanece o motivo do combate, que o inimigo astuto move, de maneira terrível no furor da perseguição, mas trava mais prejudicialmente sob as aparências da paz. Quando os embates são declarados, as coroas também são manifestas. E é isso mesmo que alimenta e inflama a fortaleza da paciência; isto é, assim como a tribulação está próxima, contíguo se acha igualmente o objeto da promessa. Havendo cessado os ataques públicos dos ímpios e abstendo-se o diabo dos morticínios e suplícios dos fiéis, o adversário enfurecido, para que a pertinácia das crueldades não multiplique os triunfos dos nossos, transforma a inimizade sangrenta em ciladas silenciosas. Aqueles que não pôde vencer pela fome e pelo frio, pelas chamas e pelo ferro, procura arruinar pelo ócio, apanhar na rede da cupidez, inchar de ambição, corromper pela volúpia.

2. Mas para destruir estas e outras coisas semelhantes, as fileiras cristãs possuem potentes munições e armas invictas, pois quando o espírito da verdade (cf. Jo 14,17) instrui os seus soldados, pela mansidão extingue-se a ira, pela liberalidade a avareza, pela bondade a inveja. A destra do Altíssimo (cf. Sl 76,11) transformou o coração de muitos, trocou a vetustez (cf. Rm 6,4; 7,6; 12,2) pela novidade, e dos servos da iniquidade saíram ministros da justiça (cf. Rm 6,18). A continência subjugou a luxúria, a humildade expulsou a arrogância e os que se haviam manchado de impureza, brilharam pela castidade. A estas conversões, caríssimos, por providência da graça de Deus, acrescentaram-se os santos jejuns, que em certos dias exigem da Igreja universal a devoção de uma observância generalizada. Embora seja belo e louvável que deste modo cada um dos membros do corpo de Cristo se orne do cumprimento dos próprios deveres, no entanto constitui ação mais excelente e virtude mais sagrada unirem-se os corações do povo piedoso num só propósito. Assim, aquele para o qual nossa santificação é um suplício, será superado não só por uma parte, mas pelo todo compacto. Para tal fim agora se nos oferece, caríssimos, o décimo mês, e de certo modo, segundo as suas indicações características, nos adverte de que ninguém deve ficar entorpecido pelo frio da infidelidade, mas antes ser corroborado pelo espírito da caridade. Recebemos também através dos próprios elementos do mundo, livros abertos para todos, os sinais da vontade divina; a instrução superna jamais cessa, uma vez que somos instruídos até mesmo pelas coisas que nos servem.

3. Pois, além daquela sentença em que o apóstolo compara às árvores estéreis os homens que não produzem frutos de piedade (cf. Jd 12), devemos ainda nos precaver diante do exemplo da infecundidade da figueira que o Senhor Jesus, conforme refere o evangelho, condenou a uma esterilidade perpétua, porque nada ofereceu que ele pudesse colher quando faminto (Mt 21,18-20). Assim compreenderemos como aquele que não reconforta a quem tem fome, nega alimento àquele que afirmou ser dado a si o que é distribuído ao pobre. São árvores merecedoras desta maldição aqueles contra os quais proferirá o juiz: "Retirai-vos de mim, malditos. Ide para o fogo eterno destinado pelo Pai ao demônio e a seus anjos. Porque tive fome e não me destes de comer; tive sede e não me destes de beber" (Mt 25,41-42) etc. Estas ações são citadas, uma por uma, para notarmos que não será excluído da misericórdia quem houver realizado ao menos uma parte destas obras. A alma, porém, que a ninguém ajuda será árvore infrutífera, porque estará distante de qualquer forma de bondade.

Convida-nos, portanto, o jejum do décimo mês no tempo de inverno, à agricultura mística, que cultiva, empregando esforços espirituais, os recursos das colheitas, das vinhas e das árvores, sustento da fraqueza humana. O campo do Senhor se enriquece por meio do que é gasto em seu favor e torna-se fecundo por sua própria fertilidade, porque jamais lhe convém ser infrutífero. Vossa santidade há de entender, na verdade, que isto deve se referir ao progresso de toda a Igreja, cujo germe é a fé, incremento a esperança, madureza a caridade; pois a mortificação do corpo e a instância na oração obtêm a verdadeira pureza, se apoiadas na santificação oriunda das esmolas, conforme assegura o Senhor: "Dai esmola, e todas as coisas vos serão limpas" (Lc 11,41). Jejuemos, portanto, quarta e sexta-feiras; sábado, porém, celebremos as vigílias junto do apóstolo São Pedro. Assista-nos e ajude-nos aquele que com o Pai e o Espírito Santo vive e reina por todos os séculos. Amém.

89 (XIX)
Oitavo sermão sobre o jejum do décimo mês

1. O Salvador, ao instruir os discípulos acerca da vinda do Reino de Deus e do fim dos tempos, e ensinar a toda a sua Igreja na pessoa dos apóstolos, disse: "Velai sobre vós mesmos, para que os vossos corações não se tornem pesados com o excesso do comer, com a embriaguez e com as preocupações da vida" (Lc 21,34). Reconhecemos, caríssimos, que este preceito especialmente nos atinge, a nós, que não duvidamos estar o dia prenunciado bem próximo, embora oculto. Convém se preparem todos os homens para sua vinda, a fim de não se encontrar algum escravo do ventre (cf. Rm 16,18) ou implicado nos negócios seculares. A experiência cotidiana, caríssimos, comprova que a saciedade da carne embota a sagacidade do espírito, e o excesso de comida debilita o vigor do coração, de tal sorte que as delícias do paladar são contrárias até à saúde do corpo, se a temperança não resistir aos pendores carnais e não subtrair à volúpia o que há de se tornar oneroso. Não obstante a carne, sem a alma, não poder desejar coisa alguma, e terem a mesma proveniência, sensibilidade e movimento, compete à mesma alma fazer certas restrições à substância que lhe está sujeita e por um julgamento interior refrear os sentidos externos diante do que não lhe convém, a fim de que, livre com mais frequência das concupiscências corporais, possa dedicar-se à sabedoria divina no íntimo onde, silenciados os rumores das preocupações terrenas, possa alegrar-se com as meditações santas e as delícias eternas. Apesar de ser difícil nesta vida fazê-lo de modo contínuo, pode todavia ser com frequência reassumido, de forma que nos ocupemos mais vezes e mais longamente das coisas espirituais do que das carnais, e assim, enquanto dedicamos mais tempo às ocupações melhores, até mesmo as ações temporais se transformam em riquezas incorruptíveis.

2. Esta observância proveitosa, caríssimos, é o resultado principal dos jejuns eclesiásticos que, por moção do Espírito Santo, se distribuem pelo ciclo do ano todo de tal modo que a lei da abstinência atinge todas as estações. De fato, celebramos o jejum da primavera na Quaresma, do estio em Pentecostes, do outono no sétimo mês, o de inverno, porém, neste décimo mês, compreendendo que nada está fora do alcance dos preceitos divinos e que todos os elementos servem à Palavra de Deus para nossa instrução; pois esses pontos cardiais no curso do mundo, à semelhança de quatro evangelhos, nos ensinam, por incessante som de uma trombeta, o que devemos pregar e fazer. Afirmou, por isso, o profeta: "Narram os céus a glória de Deus e o firmamento anuncia a obra de sua mão. Um dia ao outro transmite essa mensagem e uma noite à outra a repete" (Lc 11,41; Sl 18,2-3). Que há, portanto, que não sirva de instrumento à verdade para nos falar? Ouvem-se vozes de dia e de noite, e a beleza das coisas, criadas por obra do Deus único, não cessa de insinuar aos ouvidos do coração os ensinamentos da razão, de sorte que "as perfeições invisíveis de Deus tornem-se visíveis à inteligência por meio das coisas criadas" (Rm 1,20) e seja servido o Criador de todas, não a criatura (cf. Rm 1,25). Todos os vícios são destruídos pela temperança, e pela solidez desta virtude se supera tudo aquilo de que a avareza tem sede, tudo o que a soberba ambiciona, tudo o que a luxúria deseja; por isso quem não entende a magnitude do socorro que acarretam os jejuns? É prescrito abster-se não só do alimento, mas também de todos os desejos carnais. Aliás, seria supérfluo ficar com fome, e não desistir de uma vontade má; afligir-se por privações de comida e não se libertar de um pecado já concebido na mente. Seria um jejum carnal, não espiritual, aquele em que apenas o corpo não é poupado, mas permanece aquilo que é mais pernicioso do que todas as delícias. De que adianta à alma fazer-se de senhora externamente, e interiormente estar escravizada; dar ordens aos membros, e perder o direito à própria liberdade? É justo que suporte por vezes uma serva rebelde aquela que não presta ao Senhor o serviço que lhe é devido. Enquanto o corpo jejua de alimentos, o espírito jejue de vícios e julgue conforme as leis do seu rei as solicitudes e concupiscências terrenas.

3. Lembre-se ele de que em primeiro lugar deve amar a Deus, e em segundo deve-o ao próximo e de que todos os seus afetos hão de ser dirigidos por esta regra; não se afastar do culto do Senhor, nem da utilidade dos companheiros do serviço. Como, porém, se cultua a Deus, senão quando nos agrada, também a nós, aquilo que lhe apraz, nem nossa afeição jamais se aparta de suas ordens? Se queremos aquilo que Ele quer, nossa fraqueza há de adquirir forças naquele de quem recebemos até a nossa vontade: "Porque é Deus, afirma o Apóstolo, quem, segundo o seu beneplácito, realiza em vós o querer e o executar" (Fl 2,13). O homem, efetivamente, não se incha rá de soberba nem ficará esmagado de desespero se usar dos bens concedidos por Deus para a glória do doador e recuar diante dos desejos próprios que reconhecer como sendo prejudiciais a si mesmo. Abstendo-se, pois, de malignidade da inveja, dissolução da luxúria, perturbação da ira, ambição da vingança, ele se purificará pela santificação do verdadeiro jejum e se nutrirá com o prazer de delícias incorruptíveis; e assim por um uso espiritual, saberá transferir até mesmo os bens terrenos para os tesouros celestes, sem guardar para si o que tiver recebido, mas multiplicando cada vez mais o que houver dado. Por isto, com um sentimento de amor paterno exortamos a vossa caridade a tornar frutuoso para si o jejum do décimo mês, pela liberalidade nas esmolas, alegrando-vos porque o Senhor, por vosso intermédio, alimenta e veste os seus pobres. Teria Ele podido, sem dúvida, dar-lhes os meios que vos conferiu, se por sua inefável misericórdia não quisesse justificá-los pela paciência na labuta e a vós pelas obras de caridade.

Jejuemos, portanto, quarta e sexta-feiras; sábado, porém, celebremos as vigílias junto do apóstolo São Pedro, que se dignará corroborar nossas orações, nossos jejuns e nossas esmolas com suas preces, pela graça de Nosso Senhor Jesus Cristo, que com o Pai e o Espírito Santo vive e reina nos séculos dos séculos. Amém.

90 (XX)
Nono sermão sobre o jejum
do décimo mês

1. Os planos da misericórdia de Deus que o Salvador assumiu para a restauração do gênero humano, caríssimos, foram dispostos divinamente de maneira que o evangelho da graça retirasse o véu da lei (cf. 2Cor 3,15-16), sem suprimir-lhe as instituições. Observemos, portanto, a palavra proferida pelo Senhor de que Ele não veio abolir a lei, mas cumpri-la (cf. Mt 5,17), seguindo também nós, à medida que pudermos pelo dom de Deus, a seguinte regra: saibamos não devermos negligenciar determinação alguma do Antigo Testamento, se com vigilância nos aplicarmos a discernir o que estava encoberto por um véu em vias de desaparecer e o que foi criado para uma ação duradoura. Pois as distinções entre os alimentos e as vítimas, a circuncisão da carne, a diferença entre as abluções e a observância das purificações, não devem mais ser praticadas sob sinais figurativos, já cumpridos nas realidades significadas por eles; mas os mandamentos e os preceitos morais permanecem conforme foram promulgados, porque não sugerem coisa diferente do que aquilo que exprimem, e para a devoção cristã crescem e aumentam, ao invés de cessarem de existir. Amar a Deus e ao próximo, por exemplo, honrar pai e mãe, não adorar outros deuses e as demais coisas proibidas sob ameaças terríveis ou de maneira salutar ordenadas, veneramo-las não só como instituições legais, mas também como normas evangélicas; se muita coisa foi acrescentada por causa da novidade da graça, nada contudo foi subtraído do que pertencia à antiga justiça. Daí, com razão, terem disposto as decisões apostólicas que perdurassem as vantagens dos antigos jejuns, e apesar de ter a Igreja, quanto aos usos, aprendido a se exercitar por mortificações mais amplas, fosse abraçada a santificação da abstinência proveniente da lei. Para aqueles aos quais fora dado poder mais, seria inconveniente não praticar o que era menos.

2. Bem-instruídos, caríssimos, por esta disposição, acrescentamos às leis da Igreja o jejum do décimo mês e prescrevemo-lo à vossa devoção, conforme o costume, porque a plenitude da piedade e a plenitude da justiça se acham em dar graças a Deus pelo término da colheita dos frutos terrenos e persolver em sua honra o sacrifício da misericórdia, unido à imolação do jejum. Cada um se alegre pela fartura de que goza e regozije-se por ter recolhido muito nos celeiros, mas contente também os pobres com o que lhe sobra. As almas imitem em fecundidade as messes ubertosas, o licor das vides, os frutos das árvores. Deem os corações o que produziu a terra, a fim de podermos repetir a palavra do profeta: "A nossa terra deu o seu fruto" (Sl 66,7). Pois o Deus verdadeiro e supremo agricultor (cf. Jo 15,1) não só dos frutos materiais, mas também autor dos espirituais, sabe cultivar duplamente ambas as sementes, ambas as plantas. Nos campos dá crescimento aos rebentos, às almas concede o incremento das virtudes, os quais assim como tiveram princípio na mesma e única Providência, assim chamam à efetivação de uma mesma obra. Para o homem, de fato, criado à semelhança e imagem de Deus (cf. Gn 1,26), nada há de tão apropriado à honra de sua natureza como imitar a bondade de seu Criador, que assim como é doador misericordioso de seus dons, é justo credor, querendo que sejamos partícipes de suas obras. Embora não possamos criar natureza alguma, podemos, no entanto, aproveitar a matéria recebida pela graça de Deus. Os bens terrenos, de fato, não nos foram conferidos para servirem à volúpia e à saciedade dos sentidos carnais. Do contrário, em nada nos distinguiríamos dos animais, que não sabem atender aos interesses alheios e apenas cuidam de si e de seus filhotes.

3. Os animais, portanto, que carecem de intelecto, não são instruídos por mandamento algum, nem receberam leis porque não receberam a razão; onde existe o lume da razão existe também o dever da caridade, a saber, o do amor a Deus e ao próximo. O homem não comprova de outra maneira que ama a si mesmo se não demonstrar amar acima de si mesmo ao Criador de sua natureza, e como a si mesmo àquele que partilha natureza semelhante a sua. Com justeza, nestes dois mandamentos se resumem toda a lei e os profetas (cf. Mt 22,40), com razão, a amplidão de todas as discussões se condensa neste resumo bem completo na brevidade destas poucas palavras. Deus seja amado, amado também o próximo. Modelemos nossa caridade para com o próximo segundo aquela com a qual Deus nos ama. Ele é bom até mesmo para os maus e favorece com os dons de sua bondade não só os que o cultuam, mas ainda os que o negam (cf. Mt 5,45). Sejam amados os mais próximos, bem como os estranhos. Seja dado por acréscimo aos inimigos o que é obrigação oferecer aos amigos. Embora não se consiga abrandar a malignidade de alguns por nenhum gesto de delicadeza humana, não ficam, no entanto, sem fruto as obras de misericórdia, e a benevolência jamais perde aquilo que presta a um ingrato. Ninguém, caríssimos, se alheie desta boa obra, nem alegue possuir pouco demais, como se não pudesse ajudar aos outros quem mal provê a si mesmo. Muito grande é o que há de retirar deste pouco, porque na balança da justiça divina não se avalia a quantidade de dádivas e sim o peso da disposição. No evangelho, a viúva que jogou duas moedas no tesouro do Templo superou as doações de todos os ricos (cf. Mc 12,41-44). Não existe diante de Deus vil ação compassiva, nem obra de misericórdia vã. Diferem, na verdade, os recursos que Ele concedeu aos homens, mas não os sentimentos que ele reclama. Calculem todos os próprios haveres, e deem mais aqueles que mais receberam. Aquilo de que os fiéis se abstêm torne-se nutrição do pobre e aproveitem ao necessitado as suas privações. Embora a sobriedade constitua um bom remédio corporal e espiritual, contudo pouca vantagem se retira dos jejuns não santificados por misericórdia efetiva. Nas esmolas, porém, existe uma espécie de virtude batismal, porque "a água apaga o fogo ardente, a esmola enfrenta o pecado" (Eclo 3,30) e o mesmo Espírito que proferiu: "Lavai-vos, purificai-vos" (Is 1,16) também disse: "Dai antes esmolas e todas as coisas vos serão limpas" (Lc 11,21); a fim de que ninguém hesite, nem duvide de que será restituída àquele que se empenhar em obter a purificação por meio das esmolas, mesmo após muitos pecados, a brancura da regeneração.

91 (XCV)
Homilia sobre os graus das bem-aventuranças

Sobre o texto escriturístico: "Vendo aquelas multidões, Jesus subiu a montanha. Sentou-se e seus discípulos aproximaram-se dele" etc. (Mt 5,1ss.).

1. Enquanto, caríssimos, Nosso Senhor Jesus Cristo pregava o evangelho do reino, curando diversas doenças através da Galileia, a fama de seus prodígios difundira-se por toda a Síria (cf. Mt 4,23-24) e as multidões afluíam da Judeia inteira à procura do celeste médico. Sendo a ignorância humana tarda em crer no invisível e em esperar o desconhecido, era preciso estimular por benefícios corporais e milagres visíveis aqueles que deviam ser fortificados pelo ensinamento divino. Assim não duvidariam de que era salutar a doutrina daquele, cujo poder tão benigno experimentavam. O Senhor, visando transformar as curas exteriores em remédios interiores e dar, após a saúde do corpo, também a da alma, apartou-se das turbas que o cercavam, subiu a um lugar retirado no monte vizinho, e tendo chamado os apóstolos que haveria de formar com as instituições mais sublimes do alto da sede mística, assinalou, pela própria qualidade do lugar e da ação, ter sido Ele que se dignara conversar com Moisés; então, tratava-se de uma justiça mais terrível, e agora de clemência mais sagrada, para se cumprir o que fora profetizado pelas palavras do Profeta Jeremias: "Dias hão de vir, oráculo do Senhor. Eis a aliança que então farei com a casa de Israel [...]. Depois daqueles dias eu lhes incutirei a minha lei; eu a gravarei em seu coração" (Jr 33,31.33). Quem falara a Moisés, falou também aos apóstolos e nos corações dos discípulos, a mão veloz do Verbo a escrever imprimia os decretos do Novo Testamento (cf. Sl 44,2); todavia, não como outrora, entre densas nuvens, nem enquanto terríveis trovões e relâmpagos afugentavam o povo aterrorizado do acesso ao monte, mas num colóquio tranquilo, ouvido por todos os circunstantes. Assim, a suavidade da graça removia a austeridade da lei, e o espírito de adoção expelia o temor servil.

2. As sagradas sentenças de Cristo atestam qual é a sua doutrina. Conheçam os desejosos de chegar à eterna bem-aventurança os graus desta feliz subida. "Bem-aventurados, diz-se, os que têm um coração de pobre, porque deles é o Reino dos Céus" (Mt 5,3). Haveria ambiguidade acerca dos pobres aos quais se referia a Verdade se, ao dizer *Bem-aventurados os pobres,* nada acrescentasse para dar a entender a espécie de pobres. Poderia parecer suficiente para se merecer o Reino dos Céus aquela pobreza que muitos sofrem por pesada e dura necessidade. Mas, ao dizer *Bem-aventurados os que têm um coração de pobre,* mostra que o Reino dos Céus deve ser dado aos que são recomendados antes pela humildade de espírito do que pela carência de riquezas. É, porém, indubitável que os pobres alcançam mais facilmente este bem da humildade do que os ricos. A mansidão é amiga dos primeiros em sua penúria, enquanto o orgulho é familiar aos segundos em meio de suas riquezas. Todavia, encontram-se também muitos ricos de ânimo dispostos a não fazer da abundância motivo de se incharem de orgulho, e sim exercício da benignidade, e que consideram máximo lucro uma despesa feita para aliviar a miséria alheia. A qualquer categoria e classe de homens é dado participar desta virtude, porque é possível haver pessoas com igualdade de propósitos, mas desigualdade de recursos. Não importa quanto difiram em relação aos bens terrenos se são iguais nos espirituais. Feliz, portanto, a pobreza que não se prende ao amor das coisas temporais, nem ambiciona aumentar as posses terrenas, mas anela por enriquecer-se de bens celestes.

3. Em seguimento do Senhor, os apóstolos foram os primeiros a nos dar o exemplo desta pobreza magnânima. Abandonando tudo, sem distinção, à voz do Mestre celeste, transformaram-se, por meio de pronta conversão, de pescadores de peixes (cf. Lc 5,9) em pescadores de homens (cf. Mt 4,19), e suscitaram muitos imitadores de sua fé, quando entre os primeiros cristãos "a multidão dos fiéis era um só coração e uma só alma" (cf. Lc 5,9). Distribuindo todos os seus bens e suas propriedades, por pobreza devotada aos outros, enriqueciam-se de bens eternos, e conforme a pregação apostólica alegravam-se de nada terem neste mundo e tudo possuírem em Cristo (cf. 2Cor 6,10). Por isso, o apóstolo São Pedro, quando subiu ao Templo e o coxo lhe pediu esmola, disse: "Não tenho ouro nem prata, mas o que tenho eu te dou; em nome de Jesus Cristo Nazareno, levanta-te e anda" (At 3,6). Que há de mais sublime do que esta humildade? De mais rico do que tal pobreza? Sem recursos de dinheiro, possui os dons da natureza. Pedro curou com uma palavra o homem, já enfermo quando sua mãe o deu à luz. Não lhe entregou a moeda com a imagem de César (cf. Mt 17,27; 22,21), mas reformou um homem à imagem de Cristo. As riquezas deste tesouro aproveitaram não só àquele que voltou a andar, mas ainda aos cinco mil homens que acreditaram, então, na exortação do apóstolo, por causa desta cura miraculosa (cf. At 4,4). Pobre, sem ter que dar ao pedinte, transmitiu tal superabundância de graça divina que, assim como restituiu o movimento às pernas de um homem, curou os corações de tantos milhares de fiéis e tornou ligeiros em Cristo aqueles que encontrou a claudicar na infidelidade dos judeus.

4. Após haver pregado esta felicíssima pobreza, o Senhor acrescentou: "Bem-aventurados os que choram, porque serão consolados" (Mt 5,5). Estas lágrimas, caríssimos, às quais é prometido um consolo eterno, não são iguais às derivadas do amor deste mundo; ninguém se torna feliz por causa destes lamentos com os quais o gênero humano deplora a si mesmo. Outra é a razão dos gemidos santos, diversa a causa das lágrimas bem-aventuradas. A tristeza religiosa chora o pecado alheio ou o próprio. Não lhe dói que a justiça divina se exerça, mas se entristece por causa do que comete a iniquidade humana. Nisto é mais lamentável quem pratica o mal do que aquele que o suporta, porque sua própria malícia arrasta o injusto ao castigo; a tolerância, porém, conduz o justo à glória.

5. Em seguida diz o Senhor: "Bem-aventurados os mansos, porque possuirão a terra" (Mt 5,4). A posse da terra é prometida aos mansos e suaves, aos humildes e modestos, aos que se mostram prontos a sofrerem todas as injustiças. Tal herança não deve ser considerada pequena ou vil, como se fosse distinta da moradia celeste, porque não se deve pensar serem outros os que hão de entrar no Reino dos Céus. A terra prometida aos mansos, portanto, e que há de ser dada em possessão aos suaves é a carne dos santos, que há de ser transformada em vista do mérito da humildade, por uma feliz ressurreição, e revestida da glória da imortalidade (cf. 1Cor 15,52-53). Doravante, já não será em nada contrária ao espírito e concordará em unidade perfeita com a vontade do espírito (cf. Gl 5,17). Então, o homem exterior será posse pacífica e inviolável do homem interior (cf. Rm 7,22; Ef 3,16); então, a mente que tende à visão de Deus não será impedida por obstáculo algum proveniente da fraqueza do corpo, nem precisará dizer que "o corpo corruptível torna pesada a alma e a morada terrestre oprime o espírito carregado de cuidados" (Sb 9,15). A terra não há de relutar contra o seu habitante, nem ousará fazer algo de desordenado contra os preceitos de quem a governa. Pois os mansos hão de possuí-la em paz perpétua e jamais os seus direitos serão diminuídos em coisa alguma, quando "este corpo corruptível se revestir de incorruptibilidade e este corpo mortal se revestir de imortalidade" (1Cor 15,53). Será convertido em prêmio o que constituía perigo, e o que era oneroso reverterá em honra.

6. Em seguida, o Senhor ajuntou: "Bem-aventurados os que têm fome e sede de justiça, porque serão saciados" (Mt 5,6). Esta fome não pede coisa corpórea, nem esta sede busca algo de terreno; mas anela ser saciada do bem da justiça e, tendo sido introduzida no segredo de todos os mistérios, deseja ser repleta do próprio Senhor. Feliz a alma que quer este alimento e arde do desejo desta bebida. Não o procuraria, se não lhe houvesse prelibado a suavidade. Ouvindo o espírito profético lhe dizer: "Provai e vede como o Senhor é bom" (Sl 33,9), recebe certa porção da doçura superna e inflama-se do amor destas castas delícias, de modo que, desprezadas as coisas temporais, consome-se no desejo de comer e beber a justiça e compreende a verdade do primeiro mandamento: "Amarás o Senhor, teu Deus, de todo o teu coração, de toda a tua alma e de todas as tuas forças" (Dt 6,5), porque amar a Deus outra coisa não é senão amar a justiça. Finalmente, como acima se unia ao amor de Deus a solicitude para com o próximo, aqui a virtude da misericórdia se junta ao desejo da justiça, e diz-se:

7. "Bem-aventurados os misericordiosos, porque alcançarão misericórdia" (Mt 5,7). Reconhece, ó cristão, a importância de tua sabedoria e compreende quais os meios e normas para

obteres a recompensa a que és chamado. A misericórdia te quer misericordioso (cf. Sl 58,18), a justiça te quer justo (cf. 1Cor 1,30), para que o Criador se manifeste em sua criatura, e no espelho do coração humano, impressa em traços semelhantes, resplandeça a imagem de Deus. Tranquiliza-te, ó fé daqueles que praticam as obras (cf. Gl 5,6; Tg 2,20), teus desejos se cumprirão e possuirás sem fim aquilo que amas. E como tudo te será puro, por causa das esmolas (cf. Lc 11,41), chegarás também à bem-aventurança, prometida logo a seguir, conforme disse o Senhor:

8. "Bem-aventurados os corações puros, porque verão a Deus" (Mt 5,7). Grande, caríssimos, é a felicidade daqueles para os quais foi preparado tamanho prêmio. Que significa ter o coração puro se não se aplicar às virtudes supraenumeradas? Que espírito poderá conceber, que língua explicar a grande felicidade de ver a Deus? E, no entanto, ao ser transformada a natureza humana, acontecerá o seguinte: a divindade, tal qual é (cf. 1Jo 3,2), que homem algum jamais pôde ver (cf. Jo 1,18), ela não a verá mais em espelho, nem em enigma, mas face a face (cf. 1Cor 13,12), e obterá, pelo gáudio inefável da contemplação eterna, aquilo que "os olhos não viram, nem ouvidos ouviram, nem o coração humano imaginou" (1Cor 2,9). Com razão, esta bem-aventurança é prometida à pureza de coração. Um olhar sórdido não poderá ver o esplendor da verdadeira luz e aquilo que há de ser a alegria das almas puras constituirá o castigo das manchadas. Evitem-se, pois, as trevas das vaidades terrestres e os olhos interiores se purifiquem de toda mancha da iniquidade, a fim de que um olhar sereno se sacie de tão grande visão de Deus. Parece-nos que a sequência trata de como merecê-lo:

9. "Bem-aventurados os pacíficos, porque serão chamados filhos de Deus" (Mt 5,7). Esta bem-aventurança, caríssimos, não é relativa a qualquer consenso, nem a qualquer espécie de concórdia, mas àquela da qual disse o Apóstolo: "Tende

a paz com Deus" (Rm 5,1), e o Profeta Davi: "Grande paz têm aqueles que amam o vosso nome. Não há para eles nada que os perturbe" (Sl 118,165). Se não estiverem em acordo com a vontade de Deus, não podem em verdade reivindicar para si a posse desta paz, nem mesmo os amigos unidos pelos laços mais estreitos, nem espíritos quase inteiramente identificados entre si. Não merecem a paz as conivências em desejos desonestos, as alianças para o crime, os pactos acerca dos vícios. O amor do mundo não se coaduna com o amor de Deus, e quem não se aparta de sua estirpe carnal, não alcança a sociedade dos filhos de Deus. Ao invés, aqueles que sempre se acham com Deus, pelo espírito, e "esforçam-se por conservar a unidade do Espírito no vínculo da paz" (Ef 4,3), nunca se dissociam da lei eterna, dizendo com fidelidade na oração: "Seja feita a vossa vontade, assim na terra, como no céu" (Mt 6,10). São pacíficos, unânimes no bem, santamente concordes, e hão de ter eternamente o nome de "filhos de Deus", "coerdeiros de Cristo" (Rm 8,16-17). O amor de Deus, com a caridade para com o próximo, merecerá não sofrer mais as adversidades, já não temerá escândalo algum, e terminado o combate de todas as tentações (cf. Lc 4,13), repousará inteiramente na paz de Deus, por nosso Senhor, que com o Pai e o Espírito Santo vive e reina nos séculos dos séculos. Amém.

92 (I)
Primeiro sermão sobre a ordenação episcopal de São Leão, proferido no dia de sua ordenação*

1. "Que minha boca proclame o louvor do Senhor" (Sl 144,21), e minha alma e meu espírito, minha carne (cf. 1Ts 5,23) e minha língua bendigam seu santo nome. Calar os benefícios divinos não é indício de modéstia, e sim de um

---

* O dia da ordenação sacerdotal era considerado *dies natalis* ou simplesmente *Natalis*.

espírito ingrato. É bem-adequado a um pontífice consagrado iniciar seu serviço com o sacrifício do louvor do Senhor (cf. Sl 49; 106,22; 115,17). "Em nosso abatimento, lembrou-se de nós" (Sl 135,23) o Senhor e nos abençoou. "Só Ele operou maravilhosos prodígios" (Sl 135,4) em meu benefício, fazendo com que a afeição de vossa santidade me considerasse presente, quando estava ausente por necessidade, numa longa viagem[22]. Assim, dou e darei sempre graças a nosso Deus, por tudo o que me concedeu (cf. Sl 115,12). Celebro ao mesmo tempo com a devida gratidão a escolha em meu favor, compreendendo bem quanta reverência, amor e fidelidade pôde devotar-me vossa dedicada dileção a mim que só desejo, por solicitude pastoral, a salvação de vossas almas. Emitistes a meu respeito um juízo tão santo, embora carecesse de

---

22. Sabemos que Leão Magno foi escolhido papa pelo clero e o povo de Roma quando, como arcediácono, encontrava-se em missão diplomática na Gália.

quaisquer méritos anteriores. Suplico-vos, por isso, pela misericórdia do Senhor (cf. Rm 12,1), que ajudeis com vossas preces aquele que desejastes ter, a fim de permanecer em mim o Espírito da graça e vosso julgamento não precise mudar. Dê-nos juntamente a todos nós o bem da paz aquele que em vós infundiu o anelo da unanimidade. Em todos os dias de minha vida a serviço de Deus onipotente, disposto a ministrar-vos socorro, possa orar com confiança ao Senhor: "Pai santo, guarda-os em teu nome aqueles que me destes" (Jo 17,11). Enquanto continuamente progredis para a salvação, glorifique minha alma ao Senhor (cf. Lc 1,46), e na futura retribuição do juízo, de tal modo preste contas de meu sacerdócio perante o justo Juiz (cf. 1Ts 2,19) que sejais, por vossas boas obras, minha alegria, minha coroa (cf. Fl 4,1; 1Ts 2,19), vós que de boa vontade destes um sincero testemunho acerca de minha vida presente. Por Cristo nosso Senhor. Amém.

93 (II)
Segundo sermão sobre a sua ordenação, proferido no aniversário dela

1. A condescendência divina, caríssimos, fez com que eu deva honrar o dia de hoje (cf. Sl 117,24), porque ao elevar minha humilde pessoa ao grau supremo, demonstrou não desprezar nenhum dos seus. Embora seja preciso temer relativamente aos méritos, é religioso alegrar-se por causa do dom. Aquele que me conferiu esta honra, auxilia-me a bem empregá-la. Quem outorga a dignidade dá a energia para o fraco não sucumbir diante da grandeza da graça. Com o retorno anual do dia que o Senhor escolheu para que iniciasse o exercício do múnus episcopal, tenho verdadeiro motivo de me alegrar para a glória de Deus, a saber, Ele muito me perdoou para que eu amasse muito (cf. Lc 7,47). Sua graça se tornou admirável, concedendo os dons a alguém que ela não encontrou defendido pelos próprios méritos. Que procura o Senhor sugerir a nosso coração, ou que recomenda, por meio deste modo de agir, senão que ninguém pode presumir da própria justiça, nem deve desconfiar de sua misericórdia, destacada de modo mais evidente quando o pecador é justificado, e é reerguido quem jaz por terra? A medida do dom é independente da qualidade de nossas obras, nem se recebe a retribuição que se merece, neste século, em que "a vida toda é uma luta" (cf. Jó 7,1), e em que se o Senhor tiver em conta os pecados, ninguém poderá suportar o seu juízo (cf. Sl 129,3).

2. Por isso, caríssimos, "glorificai comigo o Senhor, juntos exaltemos o seu nome" (Sl 33,4), a fim de que todo o sentido da comemoração de hoje se refira ao louvor de seu autor. Quanto ao que propriamente se relaciona com os sentimentos de minha alma, confesso que muito me alegra o devotamento de todos vós. Ao ver este esplêndido e numeroso grêmio de meus veneráveis irmãos no sacerdócio, tenho a sensação, no meio de tantos santos, de que a assembleia dos anjos se acha entre nós. Sem dúvida, a graça da divina presença hoje nos visita com maior abundância, porque aqui se encontram simultaneamente e brilham numa só luz tantos e maravilhosos tabernáculos de Deus, tantos membros excelentes do corpo de Cristo. Desta reunião também não se acha ausente, assim confio, a pia condescendência e o amor fiel do apóstolo São Pedro. Não vos deixa, em vossa devoção, aquele em cuja honra vos reunistes. Ele igualmente se rejubila com vossa afeição e abraça, naqueles que participam de sua dignidade, a obediência àquilo que o Senhor instituiu. Ele aprova a caridade bem-ordenada (Ct 2,4) de toda a Igreja que acolhe Pedro na Sé de Pedro, e não deixa esfriar a caridade para com tão grande pastor, nem mesmo através da pessoa de um herdeiro tão pouco semelhante a ele. No intuito, caríssimos, de que este amor filial, que unanimemente demonstrais à minha humilde pessoa, consiga o fruto de seu empenho, súplices pedi à misericordiosa clemência de nosso Deus que em nossos dias expulse aqueles que nos atacam (cf. Sl 34,1), corrobore nossa fé, multiplique a caridade, aumente a paz. A mim, seu pequeno servo, que Ele quis estivesse ao leme da Igreja para manifestar as riquezas de sua graça (cf. Ef 2,7), digne-se fazer-me apto para tão grande função e útil à vossa edificação, e em vista disto dilatar o tempo de nosso serviço, a fim de que aproveite à devoção o que me for concedido em anos, por Cristo nosso Senhor. Amém.

94 (III)
Terceiro sermão sobre a sua ordenação, proferido no aniversário de sua elevação ao múnus do supremo pontificado

1. Temos, caríssimos, motivo justo e razoável de nos alegrarmos, todas as vezes em que a misericórdia de Deus se digna fazer-nos o retorno dos dias assinalados por seus dons, se referirmos aos louvores de seu autor a origem da tarefa recebida. Este modo de agir, efetivamente, convém a todos os sacerdotes, mas reconheço que me é particularmente necessário, porque olhando a fraqueza de minha pequenez e a grandeza do múnus assumido, também eu devo clamar com o profeta: "Senhor, ouvi a vossa mensagem e tive medo, enchi-me de temor diante de vossa obra" (Hb 3,2, segundo os LXX). Que pode preocupar mais, ser mais temível do que o labor ao frágil, a sublimidade ao de condição humilde, a dignidade a quem não a merece? Não desesperamos, contudo, nem desanimamos (cf. 2Cor 4,1), porque não presumimos de nós mesmos, mas esperamos naquele que em nós opera (cf. Fl 2,13). Por esta razão, caríssimos, cantamos em uníssono o Salmo de Davi, não para nossa exaltação, mas para a glória de Cristo Senhor. Foi a respeito dele, na verdade, que foi dito profeticamente: "Tu és sacerdote para sempre, segundo a ordem de Melquisedec" (Sl 109,4). Isto é, não segundo a ordem de Aarão, cujo sacerdócio, transmitindo-se a sua descendência, foi um ministério temporário, e cessou com a lei do

Antigo Testamento; mas "segundo a ordem de Melquisedec" (cf. Hb 7,11), no qual se encontra prenunciado o eterno pontífice. Como não se enuncia quais foram seus pais (cf. Hb 7,3), entende-se que nele se manifesta aquele cuja geração não pode ser narrada (cf. Is 53,8). Enfim, quando o sacramento deste sacerdócio divino também vem a ser exercido por homens, não é transmitido através de uma série de gerações sucessivas, nem é escolhido o que se originou da carne e do sangue; mas extinto o privilégio dos pais, e abandonadas as classes de famílias, a Igreja recebe para regê-la aqueles que o Espírito Santo preparou. Desta sorte, no povo adotivo de Deus, todo ele sacerdotal e régio (cf. 1Pd 2,9-10), a unção não depende de prerrogativas por causa de origem terrena, mas o pontífice provém de uma condescendência da graça divina.

2. Apesar de sabermos, caríssimos, que somos fracos e indolentes no desempenho do serviço inerente a nosso ofício, e se queremos cumpri-lo devota e corajosamente, vemo-nos retardados pela própria fragilidade de nossa condição, temos, contudo, a incessante propiciação do Sacerdote onipotente e eterno que, semelhante a nós e igual ao Pai, fez a divindade descer ao que é humano e elevou a humanidade ao que é divino; e por isso alegramo-nos digna e piedosamente por causa de seu desígnio. Delegou a muitos pastores o cuidado de suas ovelhas, mas não abandona, Ele próprio, a guarda de seu amado rebanho. Derivado deste principal e eterno socorro, recebemos igualmente proteção e ajuda do Apóstolo, que evidentemente não se furta a seu múnus. Os firmes alicerces (cf. Ef 2,20), sobre os quais se eleva o alto edifício de toda a Igreja, não se cansam de sustentar o volume do templo assentado sobre eles. Perpetua-se a solidez da fé louvada no príncipe dos apóstolos, e assim como perdura aquilo que Pedro acreditou haver em Cristo, mantém-se igualmente o que Cristo instituiu em Pedro. Quando o Senhor, conforme expõe a leitura do evangelho, interrogou os discípulos sobre o que pensavam a seu respeito, sendo diversas as opiniões de muitos, respondeu o apóstolo São Pedro: "Tu és o Cristo, o Filho de Deus vivo!" Disse-lhe então o Senhor: 'Feliz és, Simão, filho de Jonas, porque não foi a carne nem o sangue que te revelou isto, mas meu Pai que está nos céus. E eu te declaro: 'Tu és Pedro, e sobre esta pedra edificarei a minha Igreja, e as portas do inferno não prevalecerão contra ela. Eu te darei as chaves do Reino dos Céus: tudo o que ligares na terra, será ligado nos céus, e tudo o que desligares na terra, será desligado nos céus'" (Mt 16,18).

3. Permanece, portanto, a disposição estabelecida pela Verdade e São Pedro, mantendo a fortaleza recebida, não larga o leme da Igreja, o qual lhe foi entregue. Instituído antes dos demais, é denominado Pedra, declarado fundamento, constituído porteiro do Reino dos Céus, preposto como árbitro do que há de ser ligado e desligado por meio de juízos e decisões que hão de permanecer até mesmo nos céus, para que, pelos próprios mistérios destas denominações, cheguemos a conhecer qual é a sua união com Cristo. Agora ele realiza com maior plenitude e vigor as tarefas que lhe foram confiadas e cumpre todas as incumbências de seu ofício e da vigilância que lhe cabe, naquele e com aquele que o glorifica. Se, portanto, agimos ou decidimos bem, se obtemos alguma coisa da misericórdia de Deus por meio de súplicas cotidianas, devemo-lo à atuação e aos méritos daquele cujo poder está ainda vivo em sua Sé, cuja autoridade ainda é preeminente. Isto resulta, caríssimos, daquela profissão que Deus Pai inspirou ao coração do apóstolo e que transcende qualquer incerteza das opiniões humanas, recebendo a firmeza daquela pedra que impacto algum pode abalar (cf. Mt 16,18). De fato, na Igreja universal, cotidianamente Pedro repete: "Tu és o Cristo, o Filho de Deus vivo!" e todos os lábios que confessam o Senhor estão imbuídos do ensinamento contido nesta palavra. Tal fé vence o diabo e rompe os vínculos dos cativos (cf. Mt 12,29). Insere no céu aqueles que liberta do mundo, e contra ela não podem prevalecer as portas do inferno. É munida por Deus de tão grande solidez que jamais a malícia dos hereges pôde corrompê-la, nem a incredulidade dos pagãos superar.

4. Desta forma, caríssimos, a festa de hoje é celebrada por um obséquio racional (cf. Rm 12,1), a saber, em minha humilde pessoa, veja-se e honre-se aquele no qual a solicitude de todos os pastores (cf. 2Cor 11,28) persevera através da vigilância sobre as ovelhas que lhe foram confiadas e cuja dignidade não desaparece, mesmo em um herdeiro indigno. Por isso, a presença desejada e respeitável de meus veneráveis irmãos e companheiros no sacerdócio se tornará mais sagrada e mais devota se prestarem esta piedosa homenagem, à qual se dignaram estar presentes, principalmente àquele que reconhecem não somente como prelado desta Sé, mas também como primaz de todos os bispos. Ao levarmos aos ouvidos de vossa santidade nossa exortação, acreditai que vos fala aquele de quem fazemos as vezes; pois nós vos admoestamos com sentimentos idênticos aos dele e não vos pregamos senão o que ele ensinou, exortando-vos a cingirdes "os rins de vosso espírito" (1Pd 1,13), a terdes uma vida casta e sóbria no temor de Deus (cf. 1Pd 3,2), sem que a alma, esquecida de seu predomínio, consinta nas concupiscências da carne (cf. 2Pd 1,4). Breves e caducas são as alegrias provenientes dos prazeres terrenos, que procuram desviar dos caminhos da vida os chamados à eternidade. A alma fiel e religiosa, portanto, aspire às coisas celestes, e eleva-se, ávida das promessas divinas, ao amor do bem incorruptível e à esperança da verdadeira luz. Estai certos, no entanto, caríssimos, que a vossa labuta na resistência aos vícios e no contra-ataque aos desejos carnais é agradável e preciosa na presença de Deus (cf. 1Cor 15,58; Sl 115,15), porque a solicitude do pastor se gloria com o progresso da grei do Senhor. "Sim, como diz o Apóstolo, Vós sois a nossa glória e a nossa alegria!" (1Ts 2,20), se a vossa fé, que desde o início do evangelho é apregoada em todo o mundo (cf. Rm 1,8), permanecer no amor e na santidade (cf. 1Tm 2,15). Pois, embora importe que toda a Igreja, espalhada pelo orbe da terra, floresça em todas as virtudes, contudo convém que entre os demais povos vos destaqueis principalmente em méritos de piedade, porque, alicerçados na própria fortaleza da pedra apostólica, fostes redimidos com todos os outros por Nosso Senhor Jesus Cristo, mas pelo apóstolo São Pedro fostes antes dos outros instruídos. Pelo mesmo Cristo Senhor nosso. Amém.

95 (IV)
Quarto sermão sobre a sua ordenação, proferido no aniversário de sua elevação

1. Alegro-me, caríssimos, por causa de vossos sentimentos religiosos de dedicação e dou graças a Deus por reconhecer em vós a piedade característica da unidade cristã. Como o próprio número dos presentes o atesta, compreendeis que o retorno deste dia é causa de alegria comum, e que é honrada toda a grei na festa anual do pastor. A Igreja de Deus, efetivamente, está ordenada em graus distintos de tal modo que, nos diversos membros, subsiste a integridade do corpo sagrado: "Todos vós", no entanto, como afirma o Apóstolo, "sois um em Cristo" (cf. Gl 3,28); ninguém está tão separado do outro por sua função que a parte mais humilde não tenha conexão com a Cabeça. Na unidade, portanto, da fé e do batismo (cf. Ef 4,5), há entre nós, caríssimos, uma inseparável solidariedade, e a dignidade é generalizada, segundo a Boa-nova proclamada pelo apóstolo São Pedro, em palavras muito sagradas: "Quais outras pedras vivas, vós também vos tornais os materiais deste edifício espiritual, um sacerdócio santo, a oferecer vítimas espirituais, agradáveis a Deus, por Jesus Cristo" e mais adiante: "Vós, porém, sois uma raça escolhida, um sacerdócio régio, uma nação santa, um povo adquirido para Deus" (1Pd 2,5.9). O sinal da cruz, de fato, transforma em reis a todos os regenerados em Cristo e a unção do Espírito Santo consagra-os sacerdotes, e assim, exceto o serviço especial de nosso ministério, todos os cristãos, espirituais e racionais, reconhecem serem eles próprios da estirpe régia e partícipes do múnus sacerdotal[23]. Que há de mais régio do que a alma submissa a Deus a reger o próprio corpo? E que há de mais sacerdotal do que dedicar a Deus uma consciência pura e oferecer, sobre o altar do coração, vítimas imaculadas de piedade? (cf. 1Pd 2,5). Como tudo isto se tornou comum a todos pela graça de Deus, será religioso e louvável alegrar-vos a respeito do dia de nossa elevação, como se tratasse de honra vossa. Celebra-se em todo o corpo da Igreja o sacramento do poder pontifical, porque, ao se difundir o unguento da bênção, sua graça flui mais copiosamente pelos membros superiores, mas não desce com parcimônia até mesmo aos inferiores (cf. Sl 132,2).

---

23. Distinção clara entre o sacerdócio universal dos fiéis em geral e o sacerdócio ministerial.

2. Sendo, na verdade, caríssimos, grande o motivo da alegria comum devido à partilha deste dom, no entanto mais verdadeira e excelente será a causa de júbilo se não vos detiverdes na consideração de nossa condição humilde. Muito mais proveitoso e muito mais digno elevar o olhar da mente à contemplação da glória do apóstolo São Pedro, e celebrar o dia de hoje principalmente com veneração por aquele que foi de tal modo inundado das águas abundantes, provindas da própria fonte de todos os carismas, que havendo recebido sozinho muitos dons, nada foi transmitido a outrem sem sua colaboração. O Verbo feito carne já habitava entre nós (cf. Jo 1,14), e Cristo se dera inteiramente para a restauração do gênero humano. Nada era fortuito para sua sabedoria, coisa alguma árdua para seu poder. Serviam-no os elementos (cf. Mt 8,27), os espíritos eram seus ministros (cf. Mc 1,27), os anjos o obsequiavam (cf. Mc 1,13). De modo algum podia ser ineficaz o mistério, porque simultaneamente operava tanto a unidade da própria

Divindade, como a Trindade. De todo o mundo, porém, só Pedro é escolhido e também proposto à vocação de todas as gentes, aos apóstolos e a todos os Padres da Igreja. Embora haja no povo de Deus muitos sacerdotes e múltiplos pastores, todavia propriamente devia Pedro reger a todos, os quais de modo especial Cristo também rege. A divina benevolência, caríssimos, concedeu a este homem uma grande e admirável participação de seu poder; e se dispôs que os outros chefes tivessem com ele algo de comum; jamais deu aquilo que não negou aos demais, a não ser por intermédio dele. O Senhor pergunta a todos os apóstolos o que os homens pensavam a seu respeito. Enquanto se trata de explicar as dúvidas da inteligência humana, a resposta é concorde; mas quando se insiste em saber o que pensam os discípulos, o primeiro a confessar o Senhor foi o primeiro na dignidade apostólica. Tendo dito: "Tu és o Cristo, o Filho de Deus vivo", Jesus lhe responde: "Feliz és, Simão, filho de Jonas, porque não foi a carne nem o sangue que te revelou isto, mas meu Pai que está nos céus" (Mt 16,16-17); isto é, és feliz porque meu Pai te ensinou; a opinião terrena não te enganou, mas instruiu-te a inspiração celeste. Não foi a carne nem o sangue quem me indicou a ti, mas aquele do qual sou o unigênito. *E eu te declaro*; isto é, como o Pai te manifestou minha divindade, assim também eu te faço conhecida tua excelência: *Tu és Pedro*; isto é, sendo eu a pedra inviolável, a pedra angular (cf. Ef 2,20), que dos dois povos faz um só (cf. Ef 2,14), o fundamento além do qual ninguém pode pôr outro (cf. 1Cor 3,11), no entanto, tu também és pedra, porque minha força te fortifica, e o que me é próprio por seu poder, torna-se comum a ti pela participação do que é meu. "E sobre esta pedra edificarei a minha Igreja, e as portas do inferno não prevalecerão contra ela" (Mt 16,18). Sobre esta fortaleza construirei um templo eterno, e surgirá sobre a firmeza desta fé a sublimidade de minha Igreja, a ser inserida no céu.

3. As portas do inferno não prevalecerão contra esta confissão, as cadeias da morte não a prenderão, pois esta palavra é uma palavra de vida (cf. Jo 6,68). E assim como eleva até os céus os que a professam, mergulha nos infernos os que a negam. Por esta razão foi dito a São Pedro: "Eu te darei as chaves do Reino dos Céus: Tudo o que ligares na terra, será ligado nos céus, e tudo o que desligares na terra, será desligado nos céus" (Mt 16,19). Transmitiu-se também aos outros apóstolos o direito de exercício deste poder e a instituição proveniente deste mandato transferiu-se também para todos os príncipes da Igreja; mas não é em vão que é entregue a um o que deve ser recomendado a todos. Este poder, na verdade, é confiado a Pedro, de maneira singular, por ser Pedro proposto como tipo a todos os chefes da Igreja. Permanece, portanto, o privilégio de Pedro, em toda a parte onde for proferido um julgamento de acordo com a sua equidade. Não é excessiva a severidade, nem a indulgência, onde não for ligado, ou desligado, senão o que

São Pedro desligar ou ligar. Estando iminente a paixão que abalaria a constância dos discípulos, o Senhor disse: "Simão, Simão, eis que satanás vos reclamou para vos peneirar como o trigo; mas eu roguei por ti, para que a tua confiança não desfaleça: e tu, uma vez convertido, confirma os teus irmãos", "para não cairdes em tentação" (Lc 22,31-32.46). O perigo que a tentação do medo acarreta era comum a todos os apóstolos, e todos necessitavam igualmente do auxílio da proteção divina, porque o diabo cobiçava atormentar a todos, a todos derrubar; no entanto, o Senhor tem especial cuidado de Pedro, reza propriamente pela fé de Pedro, como se o estado dos outros houvesse de ser mais seguro, se a alma do príncipe deles fosse invicta. Em Pedro, portanto, corrobora-se a fortaleza de todos, e de tal modo se ordena a ajuda da graça divina que a firmeza concedida por Cristo a Pedro é conferida aos apóstolos através de Pedro.

4. Assim, caríssimos, vendo um tão grande auxílio instituído por Deus, alegramo-nos justa e razoavelmente por causa dos méritos e da dignidade de nosso chefe, dando graças a nosso eterno Rei e Redentor, o Senhor Jesus Cristo, que conferiu tanto poder àquele que Ele fez príncipe de toda a Igreja. Se mesmo em nossa época agimos bem, ou acertadamente fazemos alguma disposição, devemos atribui-lo à ação, à orientação daquele ao qual foi dito: "E tu, por tua vez, confirma os teus irmãos". O Senhor, depois de sua ressurreição, à tríplice confissão de um amor eterno, também insinuou-lhe misticamente por três vezes: "Apascenta as minhas ovelhas" (Jo 21,17). Sem dúvida alguma, o pio pastor faz isto ainda agora e cumpre o mandamento do Senhor, confirmando-nos com suas exortações e não cessando de orar por nós, para não sermos superados por tentação alguma. Se, porém, estende este cuidado de seu amor ao povo de Deus em toda a parte, como acreditamos, quanto mais se dignará dispensar-nos seu auxílio a nós, seus discípulos, junto dos quais repousa num leito sagrado em feliz sono, pelo mesmo corpo mediante o qual nos dirigiu. Devemos relacionar o dia natalício deste nosso serviço, esta festa, àquele por cujo patrocínio merecemos ser associados à sua Sé, auxiliando-nos em tudo a graça de Nosso Senhor Jesus Cristo, que vive e reina com Deus Pai e o Espírito Santo nos séculos dos séculos. Amém.

96 (V)
Quinto sermão sobre a sua ordenação, proferido no aniversário de sua elevação ao pontificado

1. Assim como "a glória dos filhos é a dignidade dos pais" (cf. Pr 17,6), caríssimos, igualmente a alegria do bispo é o regozijo do povo. Ora, tudo isto provém de um dom divino, conforme está escrito: "Toda dádiva boa e todo dom perfeito vêm de cima: desce do Pai das luzes" (Tg 1,17). Devemos, portanto, dar graças ao autor de todos os bens, porque tanto no progresso natural como nas normas morais "Ele nos fez, a Ele pertencemos e não a nós mesmos" (Sl 99,3). Ao confessarmos isto com piedade e fé, e não nos gloriarmos em nós, mas no Senhor (cf. 1Cor 1,31), as boas aspirações em nós se renovam com fruto nas várias estações e justas alegrias vêm a ser as festas religiosas, nas quais nem somos ingratos calando-nos a respeito dos dons, nem soberbos presumindo acerca de nossos méritos. Refiramos, portanto, caríssimos, a causa e o motivo da solenidade de hoje à sua origem e a seu chefe; louvemos com as devidas ações de graças aquele em cujas mãos se acham os diversos graus das funções e os momentos do tempo. Mas, se olharmos para nós mesmos e para o que é nosso, mal encontramos algo de que com razão possamos nos alegrar. Revestidos de carne mortal e sujeitos à fragilidade da corrupção (cf. Rm 8,21), jamais somos tão livres que não nos atinja algum ataque, nem obtemos tão feliz vitória neste combate, que mesmo após os triunfos não apareçam redivivas as nossas pelejas. Por isto, ninguém é pontífice tão perfeito, antístite tão imaculado que não tenha necessidade de oferecer sacrifícios propiciatórios tanto pelos delitos do povo como também por seus próprios pecados (cf. Hb 7,26-27).

2. Se a esta condição acham-se sujeitos todos os sacerdotes, em geral, quanto mais nos onera e prende. A própria grandeza do múnus assumido é frequente ocasião de falta. Cada um dos pastores, efetivamente, está à frente de seu rebanho com especial solicitude e sabe que há de prestar contas a respeito das ovelhas que lhe foram confiadas (cf. Hb 13,17); a nós, no entanto, com todos eles, compete a preocupação comum e não existe governo de nenhum que não seja uma porção de nosso labor. Quando de todo o mundo se acorre à Sé do apóstolo São Pedro e se reclama de nós dispensarmos à Igreja universal aquele amor que lhe foi recomendado pelo mesmo Senhor, sentimos o peso do ônus à medida que devemos dar mais a todos. Relativamente a esses receios, de que há de depender a confiança no cumprimento de nossa tarefa, senão daquele guarda de Israel que não dorme, nem adormece (cf. Sl 120,4) e que disse a seus discípulos: "Eis que estou convosco todos os dias, até o fim do mundo"? (Mt 28,20). Se ele não se dignasse ser não apenas o guarda das ovelhas, mas também o pastor dos próprios pastores, invisível aos olhos do corpo, mas pressentido espiritualmente pelo coração, ausente quanto ao corpo que o tornava perceptível, presente pela divindade que o faz estar sempre, ele todo, em qualquer lugar? Uma vez que "o justo vive da fé" (Rm 1,17; Hb 2,4), a justiça do fiel consiste em receber espiritualmente aquele que não vê. O Senhor, "quando subiu ao alto, levou muitos cativos, cumulou de dons os homens" (Ef 4,8), a saber, a fé, a esperança e a caridade, as quais são grandes, fortes, preciosas, porque com admirável afeto do coração crê-se, espera-se e ama-se aquilo que os olhos da carne não atingem.

3. O Senhor Jesus Cristo, portanto, caríssimos, acha-se presente no meio dos fiéis (cf. Mt 18,20). Nós o confessamos sem temeridade, fielmente. Está sentado à direita de Deus Pai (cf. Hb 10,12) até que este faça "de seus inimigos o escabelo de seus pés" (Sl 109,1); no entanto, o supremo pontífice não se ausenta do conjunto de seus pontífices, e com razão cantam em seu louvor os lábios da Igreja inteira e de todos os sacerdotes: "O Senhor fez juramento e não se arrependerá: Tu és sacerdote para sempre, segundo a ordem de Melquisedec" (Sl 109,4). Ele é, sem dúvida, o verdadeiro e eterno antístite, cujo governo não se altera, nem termina. O sacerdote Melquisedec, prévia figura sua, não ofereceu a Deus vítimas semelhantes às judaicas, mas imolou em sacrifício o mistério que nosso Redentor consagrou em seu corpo e em seu sangue. O Pai não instituiu o sacerdócio dele segundo a ordem de Aarão, que haveria de passar com o tempo da lei, mas segundo a ordem de Melquisedec, para ser celebrado perenemente (cf. Hb 7,11). Pois, como o juramento é utilizado entre os homens em cláusulas sancionadas por pactos perpétuos, o juramento divino serve de testemunho a promessas fixas por decretos imutáveis. E como o arrependimento implica mudança de vontade, Deus não se arrepende, porque, segundo o seu beneplácito eterno, não pode querer diversamente do que uma vez quis.

4. Não é, portanto, caríssimos, presunção nossa a festa em que honramos, lembrados do dom de Deus, o dia em que recebemos o sacerdócio. De fato, confessamos com piedade e verdade que é Cristo quem realiza a obra de nosso ministério em tudo aquilo que fazemos bem--feito; e nós, que sem Ele nada podemos (cf. Jo 15,5), não nos gloriamos em nós mesmos, mas naquele que nos dá a possibilidade de agirmos assim (cf. 1Cor 1,31). Mas, aos motivos de nossa solenidade, não acrescentamos só a dignidade apostólica, mas ainda a episcopal de São Pedro, que não deixa de presidir a sua Sé e obtém indefectível união ao eterno Sacerdote. A firmeza que ele recebeu da Pedra que é Cristo, e transformou-o também a ele, em Pedra, transfunde-se igualmente em seus herdeiros, e em qualquer parte onde aparece alguma firmeza, sem dúvida se manifesta a força do pastor. Pois, se em toda a parte, em recompensa da tolerância dos suplícios que sofreram, foi dada a quase todos os mártires, a fim de se manifestarem seus méritos, a possibilidade de auxiliarem os periclitantes, eliminarem as doenças, expulsarem os espíritos impuros e curarem inúmeras moléstias (cf. Mt 10,1), quem será tão inábil e invejoso em avaliar a glória de São Pedro que acredite haver algumas partes da Igreja alheias a seu governo e a sua solicitude, não incrementadas por seu auxílio? No príncipe dos apóstolos é ainda absolutamente vigorosa e viva aquela caridade para com Deus e para com os homens, que não se atemorizou perante os muros do cárcere, as cadeias, as agitações do povo, as ameaças dos reis. A fé insuperável que não cedeu na batalha, não amorteceu na vitória.

5. Em nossos dias, se a tristeza se converte em alegria, o labor em repouso, a discórdia em paz, reconhecemos ser ajudados pelos méritos e as preces de nosso chefe. Por meio de frequentes provas, experimentamos que é ele quem preside às disposições salutares, aos juízos equitativos. Como permanece em nós o direito de ligar e desligar, é sob a direção de São Pedro que o condenado é levado à penitência, o reconciliado ao perdão. Por este motivo, todas as atenções que hoje tivestes para conosco, por consideração fraterna ou amor filial, sabei que as dispensastes comigo mais religiosa e verdadeiramente àquele em cuja Sé nós nos alegramos não tanto de presidir, mas de servir (cf. Mt 20,28), esperando que vossas orações nos consigam que o Deus das misericórdias (cf. 2Cor 1,3) olhe benignamente o tempo de nosso ministério e digne-se sempre guardar e apascentar o pastor de suas ovelhas.

97 (VI)
No aniversário dos
sete irmãos macabeus, mártires

1. Graças sejam dadas, caríssimos, ao Senhor nosso Deus, porque mesmo se eu me calar, a vossa assembleia revela como é grande a solenidade de hoje. Vós vos reunistes com zelo tão concorde e ânimo tão devoto que, se a palavra não o proclamar, vossa multidão por si e com razão atesta a magnificência desta festa. O motivo de alegria é, na realidade, duplo: veneramos a dedicação de uma igreja e alegramo-nos por causa da paixão dos mártires. É justo e digno que a Igreja exulte pelo martírio daqueles cujo exemplo a adorna. Escutastes perfeitamente qual o motivo da solenidade de hoje, através da leitura da história sagrada, e não pôde vos escapar, com o desenrolar dos fatos, o relato ouvido. Honrastes, não silenciosos, mas exultantes, a gloriosa mãe dos sete mártires que, de fato, sofreu em cada um dos filhos, porém em todos foi coroada. Seguiu, na verdade, por morte feliz, aqueles que mandou a sua frente por invicta exortação. Feliz mãe, feliz prole, memorável piedade dos que precederam na morte, admirável fortaleza dos que os seguiram. Pois com a série de mortos e a distribuição das penas, a impiedade cruel do rei excogitara obter vitória já dos primeiros que atormentaria antes que tivessem visto algum exemplo de paciência, e dos subsequentes, que torturaria por meio do suplício dos outros; ao invés, multiplicaram-se as palmas dos mártires e enquanto cada um deles vence em todos, além das coroas próprias, todos adquiriram as sete.

2. Mas seria inútil recordar isto apenas para o prazer dos ouvidos! A ciência incha, se a obediência não edificar (cf. 1Cor 8,1); é oneroso o que se ouve, se não for recebido para ser imitado. Se, porém, deixaram de agir o perseguidor e o carrasco, porque os poderes públicos já militam a serviço de Deus, não faltam aos cristãos sofrimentos a superar. Foi dito: "Meu Filho, se entrares para o serviço de Deus, permanece firme na justiça e no temor, e prepara a tua alma para a provação" (Eclo 2,1) e o Apóstolo afirma: "Assim também, todos aqueles que quiserem viver piedosamente em Jesus Cristo serão perseguidos" (2Tm 3,12), por causa da justiça. Tu, pois, que pensas ter terminado a perseguição, e não haver conflito entre ti e os inimigos, perscruta o íntimo segredo de teu coração e entra para explorar diligentemente todos os recantos de tua alma. Verifica se não há ataque adverso, se não existe algum tirano que queira se apossar da cidadela de tua alma. Não deves firmar paz com a avareza. Despreza os lucros de ganhos iníquos. Recusa concórdia com a soberba e receia mais ser recebido com glória do que pisado por alguma humilhação. Dissocia-te da ira; a ambição de vingança não inflame em ti a dor da inveja. Renuncia ao prazer, afasta-te da imundície, repele a luxúria, foge da iniquidade, resiste à falsidade; e se te vires envolvido em múltiplas lutas, imita os mártires e procura alcançar muitas vitórias. Todas as vezes que morremos ao pecado, igualmente em nós morrem os pecados; e "preciosa é aos olhos do Senhor" também esta "morte dos seus santos" (Sl 115,15), pela qual o homem morre para o mundo, não eliminando os sentimentos, mas pondo termo aos vícios.

3. Se pois, caríssimos, não vos prendeis ao mesmo jugo com os infiéis (cf. 2Cor 6,14), se desistis de ser pecadores, e não cedeis a tentação alguma das concupiscências, celebrais corretamente este dia solene. Não só venerais os mártires e a mãe dos mártires, mas também, como é justo honrar, a memória daquele que duplicou no dia de hoje a antiga festividade, pela consagração deste lugar. Foi, em verdade, magnífico construtor das paredes, mas com maior magnificência edificou as almas, estendendo as obras de piedade além dos limites de sua vida, a fim de que uma posteridade devota, nos seus dias, gozasse da vantagem do que ele instituiu, habitando na casa que ele fundou e fazendo o que ele ensinou.

4. Tudo, portanto, caríssimos, que vedes com os olhos e rememorais com a mente, aproveitai-o para o progresso de vossa própria edificação e cada um utilize a morada preparada por vossos maiores, lembrando-se de que em si foi estabelecido o templo de Deus (cf. 1Cor 3,16; 2Cor 6,16). Nada de mau haja na estrutura, nada se introduza por baixo de fraco. Aderindo bem às pedras vivas e escolhidas (cf. 1Pd 2,4-5.9), cresça por indissolúvel conexão, na unidade do corpo do Senhor (cf. Ef 4,15; Cl 2,19; 1Pd 2,2), com o auxílio da própria pedra angular (cf. 1Pd 2,6), nosso Deus e Senhor Jesus Cristo, que com o Pai e o Espírito Santo vive e reina nos séculos dos séculos. Amém.

Índice escriturístico[*]

Antigo Testamento

Gênesis
1,12: 86,1
1,26: 79,1; 81,2; 82,4;
  90,2
1,27: 77,3; 81,3;
  82,1.4
2,7: 82,2
3: 80,1; 86,3
3,1-8: 80,2
3,4-5: 86,5
3,6: 96,3
14,18-20: 90,1

Êxodo
19,16-19: 91,1
19,20-25: 91,1
20,12: 90,1
34,14: 90,1

Levítico
11: 90,1
19,2: 81,2
19,18: 77,3; 90,1

Deuteronômio
6,5: 77,3; 79,1; 82,2;
  85,2; 90,1; 91,6
6,13: 85,2
29,18: 84,1

1Samuel
16,14: 70,3

2Reis
4,1-7: 82,3

[*] Baseado na *Sources Chrétiennes*, n. 200. As indicações bíblicas vêm antes dos dois pontos e as referências aos sermões estão depois deles.

Tobias
4,7: 87,1
12,9: 82,4

Jó
7,1 (LXX): 93,1; 85,1

Salmos
9,19: 76,6
14,1: 87,3
14,5: 87,3
18,2-3: 89,2
23,8: 88,1
29,6: 82,1
31,1: 93,2
33,4: 93,2
34,13: 73,1; 74,3
36,27: 75,4
40,2: 78,3
44,2: 91,1
44,17: 94,2; 95,3; 96,4
48,18: 87,2
49,1: 72,4
49,14: 92,5
49,34: 92,5
56,8: 82,4
58,18: 91,7
66,7: 90,2
67,29: 71,2
67,36: 72,4
76,11: 88,2
85,15: 82,2
99,3: 96,1
106,22: 92,5
109,1: 96,3
109,4: 94,1; 96,3-4
113,12: 92,7
114,5: 69,2
115,12: 92
115,15: 69,6; 75,4; 94,4
115,17: 92,5
117,24: 93,1
118,165: 91,9
119,2: 86,3
120,4: 96,2
129,3: 93,1

132,2: 95,1
135,4: 92
135,23: 92
138,17: 94,2; 95,3.4
144,13: 74,4
144,21: 92
145,8: 93,1

Provérbios
2,8: 74,1
7,2: 85,1
11,17: 86,2; 87,2
12,28: 74,1
17,6: 96,1
19,17: 87,2
24,12: 84,2; 85,2

Cântico dos Cânticos
2,4: 93,2

Sabedoria
1,6: 84,2
9,15: 91,5

Eclesiástico
2,1: 97,2
2,13: 85,1
3,13: 96,1
3,33 (LXX = 30): 82,4; 90,3
18,30: 80,1; 81,1

Isaías
1,13-14: 79,2
1,16: 90,3
33,6 (LXX): 79,3
40,14: 74,1
42,16: 82,1
45,8: 84,1
53,8: 94,1
65,1: 82,1

Jeremias
5,3: 71,1
31,31: 91,1
31,33: 91,1
33,15: 87,1

Joel
2,12-13: 75,1
2,15-16: 75,1

Habacuc
3,2: 94,1

Zacarias
8,19: 76,1; 77,1; 79,1;
  85,2

2Macabeus
7: 97,1,3

Novo Testamento

Mateus
4,19: 91,3
4,23: 91,1
4,24: 91,1
5,1: 91,1
5,3: 91,2
5,4: 91,5
5,5: 91,4
5,6: 91,6
5,7: 86,2; 87,1; 91,7
5,8: 91,8
5,9: 91,9
5,10: 97,2
5,16: 75,4; 82,1

5,17: 79,1; 87,1; 90,1
5,20: 79,1; 79,2
5,44: 82,2; 90,3
5,45: 82,2
6,10: 77,3; 80,1; 91,9
6,16: 76,1; 79,2
6,20: 74,4; 86,2
6,21: 79,3
7,14: 77,2
7,15: 86,3
7,25: 74,4
8,26: 95,2
10,1: 96,4
10,42: 84,2
11,30: 77,2
12,29: 94,3
14,15-21: 82,3
14,30: 69,4
16,13: 70,1; 94,2; 95,2
16,14: 70,1; 94,2; 95,2
16,15-16: 95,2
16,15: 70,1
16,16-17: 70,1
16,16: 94,2

16,17-19: 94,2
16,17: 70,1; 94,2; 94,3; 95,2
16,18: 70,1; 70,2; 94,3; 94,4; 95,2; 95,3
16,19: 70,2; 94,3; 95,3; 96,5
17,21: 74,2
17,27: 91,3
18,19: 75,3
18,20: 96,3
19,17: 85,1
19,26: 77,2
20,28: 96,5
21,18-20: 88,3
22,21: 91,3
22,37-39: 89,3; 90,3
22,40: 79,1; 81,4; 90,3
25,14-30: 73,2
25,35-36: 75,4
25,35: 83; 88,3
25,40: 74,4; 78,3; 81,4
25,41-43: 88,3
26,26-27: 96,3
26,41: 77,1

26,70: 69,4
28,20: 96,2

Marcos
1,13: 95,2
1,27: 95,2
9,20: 70,3
10,18: 76,4
12,41-44: 90,3

Lucas
1,33: 96,3
1,46: 92
4,13: 91,9
5,9: 91,3
5,11: 91,3
6,36: 82,3; 86,2; 87,1; 87,4; 90,2; 91,7
6,37: 87,1
6,38: 87,1; 87,2
7,47: 93,1
9,39: 70,3
11,41: 74,3; 88,3; 90,3; 91,7
12,16-21: 82,3

12,19: 77,4
12,20: 77,4
17,11-19: 71,2
21,34: 89,1
22,31-32: 70,3; 95,3
22,32: 70,3; 95,4
22,46: 70,3; 95,3; 95,4

João
1,3: 76,3
1,14: 69,2; 78,2; 95,2
1,18: 70,1; 91,8
2,1-11: 82,3
3,5: 88,1
5,17: 82,1
6,53: 78,3
6,55: 81,2
6,63: 70,2
6,68: 95,3
12,24: 69,6
14,6: 77,2; 82,3; 87,1;
   89,2; 94,3; 95,3
14,17: 88,2
15,5: 96,4

16,33: 88,1
17,11: 92
21,15-17: 69,4; 95,4
21,17: 70,3; 94,4; 95,4;
   96,4

Atos dos Apóstolos
2,4: 69,3
3,3: 91,3
3,6: 91,3
4,4: 91,3
4,28: 69,2
4,32: 91,3
9,15: 69,6
11,26: 69,5
14,16-17: 82,2

Romanos
1,8: 94,4
1,16: 69,3
1,17: 96,2
1,20: 89,2
1,25: 89,2
3,19: 80,1

4,17: 78,3	1Coríntios
5,1: 91,9	1,9: 91,9
5,6-7: 72,1	1,30: 91,7
6,4: 88,2	1,31: 72,4; 96,1; 96,4
6,18: 88,2	2,9: 91,8
7,15: 78,3	3,6-7: 84,1; 86,1
7,22: 77,1; 91,5	3,7: 77,3
7,23: 76,2; 77,1; 80,2	3,9: 77,3; 84,1; 88,3
7,25: 81,3	3,11: 95,2; 97,4
8,14: 75,4	4,7: 87,2
8,15: 91,1	7,29-31: 77,3
8,16: 91,9	7,29: 77,4
8,17: 77,2; 91,9	8,1: 97,2
8,21: 96,1	9,10: 74,4
8,35: 72,2	10,12: 80,1
8,37: 72,2	10,13: 88,1
10,20: 82,1	10,24: 75,4
11,16-24: 82,2	12,6: 75,4
12,1: 92; 94,4; 95,1	13,12: 91,8
12,2: 88,2	15,45: 82,1
12,12: 84,1	15,49: 80,1
13,10: 72,1	15,52-53: 91,5
16,18: 89,1	15,53: 91,5
16,27: 70,3	15,58: 94,4

2Coríntios

1,3: 76,6
3,6: 76,1
3,15-16: 90,1
3,17: 76,1
4,1: 94,1
5,15: 72,1
5,17: 80,1
6,10: 91,3
6,14: 97,3
6,16: 97,4
8,9: 75,4
9,12: 75,4
9,15: 69,2
10,4: 75,2
11,14: 86,3
11,28: 94,4
12,9: 80,1; 93,1

Gálatas

2,7: 69,5
3,28: 95,1
4,3: 88,2
5,6: 91,7

5,16: 80,1
5,17: 91,5
6,7: 79,3
6,10: 79,4

Efésios

1,18: 91,8
1,22: 69,7
2,7: 93,2
2,14: 70,1; 95,2
2,20: 70,1; 94,2; 95,2; 97,4
3,16: 72,4; 91,5
3,17: 72,4
4,3: 91,9
4,5: 95,1
4,8: 78,3; 96,2
4,12: 96,4
4,15: 95,1; 97,4
4,16: 97,4
4,22: 80,1
5,30: 69,7; 88,2; 93,2; 95,1
6,11: 85,1

6,12: 85,1
6,13: 76,2
6,16: 76,2; 84,1

Filipenses
1,11: 70,3
2,2: 91,9
2,6: 78,2
2,7: 78,2
2,10-11: 78,3; 82,2
2,13: 89,3; 79,4; 94,1
2,19: 97,4
4,1: 92
4,13: 77,2

Colossenses
2,8: 78,1; 88,2
3,2: 79,3
3,10: 80,1

1Tessalonicenses
2,19: 92
2,20: 94,4
5,5: 85,1

5,14: 83
5,16-18: 82,3

1Timóteo
1,18: 75,2
2,15: 94,4
4,8: 74,1
6,10: 81,2

2Timóteo
1,1: 74,1
1,11: 69,6
2,4: 75,3; 89,1
2,12: 77,2
2,17: 86,3
3,12: 72,4; 97,2
4,8: 92

Hebreus
6,16-18: 96,3
7,3: 94,1
7,11: 94,1; 96,3
7,26-27: 96,1
10,1: 85,2
10,12: 96,3

11,1: 96,2
12,15: 84,1
13,17: 96,2
13,20: 96,2

Tiago
1,17: 75,4; 96,1
2,13: 79,1
2,20: 91,7
3,2: 75,3

1Pedro
1,1: 69,5
1,6: 70,3
1,13: 94,4
1,18: 85,1
1,19: 76,3
2,2: 95,1; 97,4
2,4-5: 97,4
2,5: 95,1
2,6: 97,4
2,9: 69,1; 94,1; 95,1
2,10: 94,1

2,11: 89,2; 94,2
3,2: 94,4
5,4: 96,2
5,8: 76,3

2Pedro
1,4: 94,4
1,14: 69,5

1João
2,6: 77,2
2,19: 86,3
3,2: 91,8
4,7: 79,3
4,8: 79,3
4,18: 76,3
4,19: 82,1
4,21: 82,1
5,19: 85,1
5,20: 82,1

Judas
12: 88,3

Índice analítico

Aarão 94,1; 96,3
Abstinência 73,1; 74,2-3;
75,2.5; 76,1.4-5;
78,1; 79,2.4; 80,2;
81,1.3; 83,1; 85,2;
86,2; 87,1; 89,2; 90,1
Adão 80,1; 82,1
Amém 78,3
Antioquia 69,5
Antístite 96,1.3
Apóstolos 69,1.3.5.7;
70,1.3; 71,1; 78,2;
79,1; 80,3; 82,2; 89,1;
91,1.3; 94,2; 95,2-3,
96,4
Ario 86,3
Ásia 69,5
Autor 69,2; 75,4;
76,3; 77,1; 82,1-2;
83,1; 90,2; 93,2;
94,1; 96,1

Barnabé 82,2
Basílides 86,3
Batismo 88,1
Bitínia 69,5

Caifás 69,4
Capadócia 69,5
Carismas 69,5; 95,2
César 91,3
Chaves do reino 70,2;
94,2; 95,3
Colégio (*ordo*) 69,3; 70,1
Continência
(temperança) 74,1;
80,1-2; 81,1; 88,2,
89,2
Criador
nome do 74,1; 76,4;
77,1.3; 79,1; 81,2;
82,2-3; 86,1-2; 19,2;
90,2.3

Cristão
nome de 69,5-6
Cristo 69,1-2,5-7; 70,3;
72,1-4; 74,4; 75,4;
76,3.5; 77,1-2; 78,2-3;
79,1-2; 80,1; 82,1-3;
83,1; 84,2; 85,2;
86,3.5; 87,4 ; 88,2;
89,3; 91,1-3,9; 93,2;
94,1-3; 95,1-4; 96,3-4;
97,2.4
Cruz 69,5-6; 72,1
sinal da 95,1

Davi 87,2-3; 91,9; 94,1
Devoção (*devotio*) 71,1;
76,1-2; 77,1; 78,1;
82,3; 84,2; 86,6; 87,1;
88,2; 90,1-2; 93,2
Diabo 69,2; 70,3;
74,1-2; 76,3; 77,4;
83,1; 85,1; 86,4-5;
88,1; 94,3

Esmola 74,3-4; 75,5;
76,6; 78,3; 79,3; 80,3;
81,3; 82,4; 84,1;
85,1-2; 86,2.6; 87,1;
88,3; 89,3

Espírito Santo 69,3.7;
72,4; 76,3; 78,2; 79,2;
80,1; 82,4; 89,2; 94,1;
95,1
unção do 95,1
Estêvão 72,4
Eunômio 86,3
Êutiques 78,1-2
Evangelhos 69,1.3;
78,2; 79,2; 87,1;
88,3; 89,2; 90,1;
94,2.4
Exemplo 72,1.4

Fotino 86,3

Galácia 69,5

Honra 93,1; 95,1

Igreja 69,6-7; 70,1-2;
72,2; 75,2; 76,2; 78,2;
81,1; 86,3; 88,2; 89,1;
90,1-2; 93,2; 94,1-4;
95,1-4; 96,2-4; 97,1
Imagem 81,2-3; 82,1.4;
90,2
Império Romano 69;
94,2

Inimigo 73,1-2; 86,2;
 88,1
Instituição 75,2; 77,2;
 78,1; 82,4
Isaías 79,2; 82,1
Israel 18,1; 96,2

Jejum 73,1; 74,1-3;
 75,1-4; 76,1-2.5;
 77,1.4; 78,1; 79,2-3;
 80,2-3; 81,1-4; 82,4;
 83,1; 84,1-2; 85,1-2;
 86,2; 87,1; 88,2;
 89,2.3; 90,2.8
Jeremias 91,1
Jerusalém 72,4
João, São; apóstolo 82,1

Lourenço 72,2.4
Louvor 92; 93,2; 94,1;
 96,1

Maniqueus 86,4
Marcião 86,3
Mártires 71,1; 72,1;
 96,4; 97,1-3
Martírio 69,1; 97,1
Melquisedec 94,1; 96,3
Moisés 91,1

Nero 69,4.6
Nestório 78,2

Observância 73,1; 74,3;
 75,1-3; 76,1-2.4; 77,1;
 81,1-3; 82,4; 83,1-2;
 84,1; 88,2; 89,2
Oração 74,2; 77,4;
 80,3; 82,4; 86, 2.6;
 87,1

Pai 70,1; 78,2; 94,2;
 96,3
Pastor 70,3; 86,1; 93,2;
 95,1; 96,2.4-5
Pastores 69,1; 94,2; 96,4
 zelo dos 96,2
Paulo, o Apóstolo
 69,4.6; 72,4; 77,3;
 78,1; 82,2-3; 83,1;
 89,3; 96,2
Pedro 69,1.-4; 70,1;
 72,4; 77,3; 78,1; 89,3;
 82,4; 83,1; 85,2; 86,6;
 87,4; 88,2; 89,3; 91,3;
 93,2; 94,2-4; 95,1-3;
 96,1.4-5
 fé de 70,2; 95,3
 e Paulo 69,6

Pentecostes 89,2
Perseguição 69,6; 86,3; 88,1
Piedade 69,1; 71,2; 76,5; 80,2; 83,1; 85,1; 86,6
Pilatos 69,4
Plano (*dispensatio*) 70,1; 77,1
Plenitude
da justiça e da piedade 86,2; 87,1; 90,2
Pobres
alimentar os 73,1; 74,3; 76,6; 81,4; 83,1; 89,3
Pontífice 92; 94,1
Ponto 69,5
Primaz
de todos os bispos 94,4
Profissão de fé 70,1.3; 72,4; 94,3
Providência 69,2; 86,2; 90,2

Redentor 70,3; 74,1; 95,4; 96,3
Rei 70,3; 74,1; 76,2; 85,1; 95,4

Restauração (*reparatio*) 77,4; 79,1; 82,1; 90,1; 95,2
Roma 69,1.3-5

Sabélio 86,3
Sacerdote 83,1; 94,1; 95,2; 96,3-4
Cristo 94,2
Sé de Pedro 69,1.3; 95,4; 96,1.4
Simão, filho de Jonas 70,1; 94,2; 95,2-3

Testamentos
coesão dos 79,1; 87,1; 90,1

Unigênito 70,1; 95,2

Verbo 69,2; 78,2; 91,1; 95,2
Virgem Maria 78,2
Vigílias 73,2; 75,5; 76,6; 77,4; 79,3; 81,8; 82,4; 83,1; 85,2; 86,6; 88,2; 89,3
Vitória 69,1; 76,2; 77,1; 85,1; 96,4

CLÁSSICOS DA INICIAÇÃO CRISTÃ

Veja outros títulos da coleção em

livrariavozes.com.br/colecoes/classicos-da-iniciacao-crista

ou pelo Qr Code

Conecte-se conosco:

f facebook.com/editoravozes

◙ @editoravozes

X @editora_vozes

▶ youtube.com/editoravozes

☺ +55 24 2233-9033

www.vozes.com.br

Conheça nossas lojas:

www.livrariavozes.com.br

Belo Horizonte – Brasília – Campinas – Cuiabá – Curitiba
Fortaleza – Juiz de Fora – Petrópolis – Recife – São Paulo

EDITORA VOZES LTDA.
Rua Frei Luís, 100 – Centro – Cep 25689-900 – Petrópolis, RJ
Tel.: (24) 2233-9000 – E-mail: vendas@vozes.com.br